TOURIST SHIP

「ツーリストシップ」で、旅先から好かれる人になってみませんか

未来の旅行が
驚くほど楽しくなる
旅行者の心構え！

一般社団法人ツーリストシップ
代表理事
田中 千恵子

まえがき ―― 「ツーリストシップ」が、未来の旅行を変える！

「ツーリストシップ」という言葉を目にしたことはありますか。

ツーリストシップは、tourist＝ツーリスト（旅行者）に、ship＝シップ（接尾辞）がついた言葉で、スポーツマンシップの旅行者版です。

一言で言えば、「旅先を大切にする旅行者の心構え」のことです。

多くの方は、初めて目にされたと思います。じつは、この言葉は、当法人「一般社団法人ツーリストシップ」が創り出し、世界で初めて提唱している言葉だからです。

観光立国という言葉ができて久しい今日の日本では、多くの外国人観光客を見かけます。私の住む京都に至っては、「日中に街で出会う人は外国人観光客のほうが多いのでは？」と思うほどです。

そんな観光産業の発展は、世の中に経済や文化の観点で様々な功績を残し、これからもさらなる成長が期待されています。

しかし、**急速に伸びた市場には、必ず「弊害」が伴います。**

今、「オーバーツーリズム※」の問題が、世界の注目を集めています（※観光客の極端な集中により、地域住民の日常生活や自然環境などに、多大な悪影響を及ぼしている状態のこと）。

一つは、**住環境の悪化**です。現在、多くの地域で、「住む」住民と「訪れる」観光客の両立ができず、たとえば、過度な混雑、昼夜を問わずの騒音、様々なマナー違反などが起きています。

さらに、**旅先地域の自然環境・文化環境・経済環境に対する影響**です。観光客がもたらすお金で経済の活性化や自然保護、文化維持に結び付くこともありますが、一方でチェーン店に行くなど外資企業の利用で旅先地域にお金が回らなかったり、マナーが守られず自然が荒らされたり、地域文化とは関係のないものが注目され、地域文化が蔑ろにされることもあります。

国家として観光産業をこれからも推進するには、そして私たちがこれからも旅行という趣味を楽しむには、これらの様々な弊害と向き合い、解消していく必要があります。

その切り札が、本書でご紹介する、**旅行者の心構え「ツーリストシップ」**なのです。

さらに、その切り札であるツーリストシップは、地域を守るだけでなく、きっと**あなたの旅行をもっと楽しく、唯一無二の体験に変えてくれる**はずです。

だからこそ、ぜひツーリストシップを知って、あなたのいつもの旅行に活かしてほしいと思っています。

ここで、本書の概要についてご紹介いたします。

Chapter 1　観光ってなに？　観光の光と影

Chapter 2　「ツーリストシップ」とはなにか

Chapter 3　旅行客の奇行とツーリストシップ

Chapter 4　ツーリストシップ実践録

Chapter 5　世界に「ツーリストシップ」を広めたい！

Chapter 1では、「観光の現状」についてお話しいたします。

観光の歴史といった過去の話から、日本や世界が観光産業に期待している未来の話までを明らかにします。それと同時に、実際の観光課題を具体例と共にご紹介します。

Chapter 2では、本書のタイトルでもある「ツーリストシップ」の基本理念から、具体例までの全貌をお伝えいたします。

本書のメインチャプターになっており、ツーリストシップの魅力を感じていただけると思います。

Chapter 3では、お客様は神様という言葉の下、表に出なかった「観光客の奇行」をご紹介し、同時に、ツーリストシップの観点から解説します。

Chapter 4では、「観光客の素敵な行動」を、実践録としてお伝えします。ぜひ、ご自身で実践したいと思うものを見つけていただけたらと思います。

Chapter 5では、一般社団法人ツーリストシップの経緯をお話しするとともに、活動内容と活動するにあたっての課題について、包み隠さずお伝えいたします。

本書は、この地球に住むすべての旅行好きに向けて書きました。そして、今本書を手に取ってくれたあなたの心に、ツーリストシップが届くことを切に願っています。

２０２３年５月吉日

田中《たなか》　千恵子《ちえこ》

◆目次◆

Chapter 1

観光ってなに？　観光の光と影

Chapter 2

「ツーリストシップ」とはなにか

Chapter 3

旅行客の奇行とツーリストシップ

Chapter 4

ツーリストシップ実践録

Chapter 5

世界に「ツーリストシップ」を広めたい！

イラスト／縁起物クリエイター　タカノアキ

Chapter 1

観光ってなに？
観光の光と影

人はなぜ旅をするのか？
誰もが魅了される観光の魅力

観光、旅行、旅。それは、日常から解き放たれ、思い思いのときを過ごす瞬間の集まりです。

たとえば、同じハワイに行く場合、ある人はトレッキングにシュノーケリング、ショッピング、ご飯はあの有名レストランの……と、てんこ盛りの予定を入れ、寝る間も惜しみ、幸せいっぱいの時間を満喫します。

また、ある人はホテルのビーチで寝そべり、手には本を持って、さざ波の音に耳を傾け、穏やかなときの流れを感じ、同じく幸せいっぱいの時間を満喫します。

どこに行くか、誰と行くか、いつ行くか、何をするか、どうやって過ごすか……。いろいろな楽しみ方が、多くの人を旅に惹きつける理由かもしれません。

ところで、「旅・旅行・観光」の違いは何でしょう。岩波書店『広辞苑』（第六版）

によると、このように解説されていました。


【旅】　住む土地を離れて、一時他の土地に行くこと。旅行。

【旅行】徒歩または交通機関によって、おもに観光・慰安などの目的で、他の地方に行くこと。旅をすること。

【観光】他の土地を視察すること。また、その風光などを見物すること。


どうでしょう。他にもいくつかの辞書で調べてみたところ、程度の差はありますが、3つの定義はとても似ているように感じます。

この本は学術本ではないので、旅・旅行・観光という言葉を特に使い分けすることなく、同じ意味で使いたいと思います。

また、

「少し離れたアウトレットに買い物に行くことは旅行なのか？」

「近所のホテルに泊まることは旅行なのか？」
「仕事で行くのは旅行なのか？」
など、距離の遠近や宿泊の有無、目的で、旅行と呼ぶのが適切か迷うケースも多々あります。

人によって見解は異なりますが、私は**「普段行かない場所に行って、楽しく過ごすことに力を尽くす時間」が旅行**だと考えて、この本を書きたいと思います。

ちなみに、この定義、ひそかに気に入っているのです。観光している人は、楽しみたくてきている。そして、精いっぱい楽しもうとする。

だから、食事も、移動も、楽しいのだと思います。

じつは、今最も人を魅了させている趣味が「旅行」なのです。様々な趣味ランキング調査で、スポーツや映画鑑賞を抑えて、旅行が堂々の一位を獲得しているのです。

みなさんのまわりに、旅行が趣味な人って結構いませんか。この本をお読みのあなたも、もしかしたら、旅行好きのお一人ではないでしょうか。

また、日本政府観光局の統計によると、２０１８年に約２０００万人の日本人が海外旅行をしました。日本人は1億２０００万人しかいないのですから、すごい数ですよね。さらに、視野を世界に広げると、毎年14億人の人が地球中を旅します。

人は、なぜこんなにも旅行に行くのでしょうか。

この本をお読みのあなたは、なぜ旅行に行くのですか？　楽しいから？　友達との思い出づくり？　時間が余ったから？　刺激が欲しいから？　初めての体験をしたいから？　絶景を見たいから？　感動の瞬間が欲しいから？　リラックスの時間が欲しいから？

そう、旅行・観光・旅は、そのどんな目的も満たす最高の時間を提供してくれます。

おまけに旅行は中毒性が高いと言われています。一度旅行の楽しみを知ってしまったら、もうやめられません。楽しくって、仕方ない。

「次はどこに行こう？」と、家に帰った瞬間から、次の旅行の計画を考えてしまうのも、旅行の醍醐味かもしれませんね。

観光の歴史 ——人類はずっと旅がしたかった？

ここで一度、遠い昔に思いを馳せてみたいと思います。人類は、いつから旅を楽しんでいたかご存じですか。

じつは、ピラミッドの中に、エジプトの王様たちがどこに行き、何を楽しんだかという旅の落書きが見つかっています。少なくとも３０００年以上前から人は旅を楽しんでいたのですね。

しかし、王族や貴族ではなく、一般人が旅行ができるようになったのは、ここ２００年です。みんなが旅行をする時代になるまで、長い年月が必要でした。

そもそも人類は、これまで様々な移動を行ってきました。次の４種類に分けることができます。

「生きるための移動」：食糧確保や生活の場の開拓のため
「統治のための移動」：支配者達は領地に出向くため、被支配者は都へ税金を納めるため
「聖地巡礼のための移動」：宗教的に重要な場所や建物に行くため
「楽しむための移動」：今の旅行・観光に当たるもの

まずは、「生きるための移動」から始まりました。ダーウィンの進化論で言えば、私たちの祖先はアフリカから日本の地まで移動してきたのですから。

そして、稲作が始まり、集団で定住ができるようになると、王などの支配者が生まれます。日本では、大和朝廷の登場で、「統治のための移動」が始まります。

支配者たちは、領地に出向くために移動をし、被支配者は、都へ税金を納めるために移動します。

そして、だんだん生活する以上の富が支配者層に集まると、支配者たちは自ら好んで移動をするようになりました。エジプトの王様もこれですね。

また、巡礼を目的とした移動も古くから存在しました。古代ギリシャの宗教聖地であるデルフィでは、紀元前6世紀には既に外国からお告げを希望する巡礼者がいたそうです。

一般の人が楽しむためだけに今のように世界中を旅するようになるには、ある人物がカギとなっています。それは、トマス・クックという人物です。

19世紀を生きた彼は、イギリスで起きた産業革命後の経済発展の真っただ中にいました。宣教師だった彼の目の前には、農村から出てきて、工場で働く人々。当時は、労働基準法なんてものはありませんから、非常に劣悪な環境で働いていました。

人々は仕事が終わると、ストレスのはけ口として大量の粗末なお酒を飲んでいました。そんな日々を繰り返すので、中には、過度な飲酒で家族崩壊が起きたり、仕事に支障をきたしたりする人がいました。失業率は一時期、20％を超えたと言われています。

「飲酒ではない、もっと健康的な娯楽が必要だ」

トマス・クックは、苦しい労働と息抜きのアルコールしかない人々を助け出す手段を探していました。そして、「観光」に目をつけます。

彼の自伝にこのような記述があります。

「ある考えが脳裏にパッと閃いた。その考えとは、新しく開発された鉄道と蒸気機関車の技術を、禁酒問題に役立てられたらどんなに素晴らしいだろうということだった」

1841年、トマス・クックは、赤字覚悟で人々に旅行の斡旋を始めます。鉄道を使った小旅行を始めたのは彼が一番ではありませんが、当時のインフラや情勢では、薄い利益すらもあげることは難しく、旅行事業を長く続けた人はいませんでした。

ちなみに、移動を示す「モビリティー」という言葉は、「モブ」（暴徒）という言葉からできています。当時の支配層にとって、庶民の移動は恐怖だったのです。王や貴族は、封建制度で庶民を土地に縛り付け、放浪は法で罰していました。

そのため、トマス・クックの働きかけは、当時の支配層から「平等意識を芽生えさせる危険な行為だ」「階級打破の時代精神を育んでしまう」などと批判を受けていたのです。

しかし彼にとって、観光産業は、「国民健康サービス」でした。「片田舎に住み、狭い視野のまま同質のものだけ見ていたために、人々の古臭い習慣が固定し、つまらない偏見が養われるのです」と、観光の必要性を説き続けました。

その後、クックの創設した旅行代理店クック社は、20年以上赤字を出し続けた末に、利益を出すことに成功します。さらに、利益の出る慈善事業から、大英帝国屈指の大企業、旅行代理店に変貌していくことになります。

「世界とは1冊の本であり、旅行をしない人間は最初の1ページだけを開いて止めてしまうようなものである」

「旅行をすることは、楽しみであると同時に義務でもある」

これらはトマス・クックが残した言葉です。人々が普通に旅行をするようになった今、彼は何を思うのでしょうか。

産業としても魅力的な観光。世界中が観光に力を入れている

さて、話を現代に戻します。趣味ランキング一位の旅行。旅行をする人が増えることは、社会の様々な分野にも影響を与えます。

ここでクイズです。

観光産業にあてはまるものはどれですか？

○世界の10人に１人の雇用

○輸出額が１・６兆米ドル

○世界総輸出の７％

○世界のサービス輸出の30％

答えは、全部です。すべて当てはまります。

じつは、**旅行・観光産業は、世界でも有数の雇用創出産業の一つ**です。１億人以上

の人が直接雇用されており、間接的なものを含めると3億人以上になります。よって、10人に1人が旅行・観光に関わる職業に就いているのです。

日本も例外ではなく、旅行・観光産業の雇用者数は、波及効果を含め、４５６万人と言われています。

日本を代表とする自動車産業従事者が５５２万人ですから、観光産業の存在は無視できません。旅行好きが多いということは、それを支えている人もたくさんいるということですね。

ちなみに、著者の住む京都では、なんと5人に1人が観光に関わる仕事をされています。一大産業ですね！

また、World Travel & Tourism Councilによると、観光産業は２０１９年に世界のＧＤＰの10・３%を占める８・９兆米ドルを稼ぎました。

負けてないとは言い難いですが、日本も健闘しています。２０１９年の日本国内での旅行消費額は、日本人、訪日外国人の合計で27・９兆円です。日本政府が「観光」

に力を入れているのも無理もありません。

そして、これからも市場の拡大が見込まれる観光産業に期待を抱いているのは、日本だけではありません。

観光客受け入れ数世界第一位の国をご存じですか。日本人も大好き、フランスです。2019年にフランスを訪れた観光客数は約8810万人です。

2024年に控えた首都パリでのオリンピック開催を前に、フランスは観光客数1億人突破を目標として掲げています。

次に観光大国と言えば、スペインです。2019年は年間約8350万人の外国人観光客を受け入れていました。この数字だけではわかりづらいので、日本と比較してみましょう。

日本の2019年の訪日客数は過去最高で、その数3188万人。人口数が日本の半分以下のスペインが、日本の3倍弱の観光客を受け入れているのです。驚愕ですね。

そんなスペインは、日本をアジアの最重要市場と位置付け、日本人渡航者を30年に１００万人まで増やすことを目標に設定しています。

さらに、観光産業は多くの発展途上国にとっても、国を成立させるための欠かせない産業となっています。観光は第一位の外貨獲得源であり、特に島国ではＧＤＰの25％以上を占める国もあります。

そして、**観光産業の盛り上がりは、地域に若者を引き寄せます。**観光客へのブランディングが、「地元もいいなあ」と地元民の郷土愛醸成へとつながるのです。結果、都心に出ていった若者が戻ってきたりします。

また、街に観光という一大産業ができるのですから、**過疎化が進む地方都市にとって地方創生の切り札**となります。

日本政府は、観光による地方創生を推進しており、「観光地域づくり」を行うための様々な施策を行っています。

観光のメリットは、まだまだあります。

１９７０年、日本ではイタリアブームが起き、多くの日本人がイタリアを訪れました。そして、イタリアでイタリア料理を食べた日本人は、帰国後の日本でも、本場のイタリア料理を求めるようになりました。

結果何が起きたか。イタリアの対日本食料品貿易額は29倍になりました。

今世界中から日本に訪れる観光客は、帰国後それぞれの国で日本の商品の良さを伝え、日本との貿易を広く開拓してくれるかもしれません。

観光はショーケース。観光を皮切りに、様々な産業が発展していくのです。


そして、**良き旅行者は文化継承を助け、自然保護を助けます。良き理解者となり、良き支援者となります。**

このように様々な分野で大きな力を発揮する観光産業は、21世紀の産業と言われるほど、引っ張りだこです。

観光が地域にもたらす負の影響❶
観光客目線の「オーバーツーリズム」

しかし、観光産業にも影があります。**多すぎる観光客の訪問や観光客向けの過度な地域開発は、ときに地域住民の生活を困難にさせます。**

そんな状況は、**「オーバーツーリズム」**と呼ばれます。コロナ前、観光産業の振興と共に、至るところで起きていました。そして、コロナが落ち着いて観光客が戻ってきた今、また起こり始めています。

コロナが流行する以前、日本では京都・鎌倉・北海道・沖縄など主要観光地で、世界ではスペインやオランダ、南国のサンゴ礁の島国など、様々な観光地で、観光の負の側面が頻繁にニュースになっていました。

特に、バカンス文化があり、多くの観光客を受け入れるヨーロッパの地域では、観光開発を止めるためのデモが起き、観光抑制を掲げた市長が当選するような地域もありました。

旅行をする人は楽しく、それを受け入れる地域にはメリットがあるにもかかわらず、旅行は住民生活を脅かすものになっている実態があります。

具体的に、どんな状況が観光地で起きていたか２つの事例をご紹介します。皆さんの旅行を振り返りながら、読んでいただけたらと思います。

●ゴミ問題

旅行中、ゴミが捨てられず、苦労したことはありませんか。食べ歩きをした後、どうしても神社に入る前にゴミを捨てたいから、傍にある溢れたゴミ箱にそっと自分のゴミを置く……。そんな経験がある人は多いのではないでしょうか。

ですが、この状態、住民も苦労します。一日に大変多くのお客さんが来ますから、ゴミもすごい量になり、夜の観光地にはゴミ山ができてしまいます。ゴミ山って、誰が責任を持って掃除するのでしょうか。多くは、街のボランティアさんによって景観が守られています。

●混雑問題

一大スポットに行ったら、多くの人で疲れたことはありませんか。特に立ちっぱなしで並ぶのはしんどいですよね。

ですが、この状態、住民も苦労します。観光スポットの近くでは、道を通れない、バスに乗れない、普通の生活が送れない状態になります。過度な混雑は、観光客も住民もみんなにとって悪ですね。

自分たちはお客さんなのだから、迎える側が、ゴミ箱を増やしたらいいし、インフラを増やしたらいいじゃないか、そう思う方もいらっしゃるかもしれません。

事業者と自治体と地域住民がしっかりとした連携をとることが必要ですが、しかし実際なかなかうまくいきません。だから現実にゴミ箱がない観光地がたくさんあり、行列でなかなか乗れないバスがあるのです。

たとえば、混雑の例をひとつご紹介させてください。「道が狭いな。こんなに人がいるなら歩行者天国にしてくれたらいいのに」と思ったことはありませんか。ある有名商店街では、あまりに人気になったため、道路を封鎖し、歩行者天国にして歩道の拡大を検討しました。しかし、その道路は住民にとって必要なインフラで、通行止めの合意をとることはできませんでした。

このようなお話が至るところで起きているのが観光地です。テーマパークではありませんから、一丸となり受け入れ態勢を整えることは、想像以上に困難です。

しかし、観光客は違います。そんなしがらみから外れて、選択する自由と、「楽しんでやるぞ」という意思があります。

私たちがこれからも旅行という楽しい趣味を手放さないために、そして自らの旅行をもっと楽しく豊かなものにするために、私はこの本を通して、あなたに一つ提案ができたらと思っています。

私たち旅行者からアクションを起こしていくのはどうでしょうか。

観光が地域にもたらす負の影響❷
住民目線の「オーバーツーリズム」

私たちは誰でも、あるときは観光客ですが、多くの時間は住民や事業者として迎える側にいます。とっても当たり前なのですが、私たちは旅行客の前に、どこかに住む住民なのです。

そして、地域により差はありますが、多くの人があなたの住む街に訪れています。

つまり、**訪れる側と迎える側がお互いにとって良い関係性を築くことは、自分が旅行を楽しみつつ、自分の普段の生活を守る**ことにつながります。

今度は住民の目線で、オーバーツーリズムの具体例を見ていきましょう。私の家は京都の一大観光地にありますので、私の家の環境と共にお話しいたします。

インスタやティックトックの浸透で、一瞬にして大人気観光スポットになるこの時代、あなたの住む地域も他人ごとではないはずです。

●混雑

私の最寄りのバス停では、ほとんどバスに乗れません。たまの祭典ではなく、毎日ですから著者はあまり利用しません。

●夜間の騒音

夜中の2時、3時でも、酔っぱらった大声、スーツケースのゴロゴロ音が聞こえます。著者は繊細なタイプではないので、布団に入ればすぐ寝ることができますが、そうではない方は、住み続けることは困難でしょう。

●買い物

観光客に向けて商売をしたほうが儲かりますので、特にバカンス需要を受け入れる欧州の国々では、日常生活に使うものより、観光客用のお土産や現地体験用の食事ばかりのスーパーがあると聞きます。京都はまだそこまでではないですが、いつそうなるかわかりません。

●地価の上昇

買い物と同様、ホテルを建てたほうが儲かるので、住居の賃上げ・追い出しが行われます。

「観光」という名の巨大資本により、田舎が都会になったと言えば、そこまでかもしれません。

ですが、そこにあるのは、もはや自分たちのための街ではなく、遠く向こうの知らない観光客のための街となります。そんな状況を目の当たりにすると、誰しも、自分の住む街が変わることに寂しさや悔しさを覚えると思います。

さらに、数多いる観光客の中には、マナーの悪い人もいます。市民が大切に守ってきた文化遺産や名勝に、大量に散らかったゴミや、落書きで傷ついた自然や建物を見ます。

「なぜ、観光客にこの街を渡したんだろう」と感じることでしょう。

受け入れてくれることへの感謝

これまでの話を踏まえ、観光課題を整理すると、大きく3つに分けることができます。

①合意の取れていない観光地開発（ｅｘごみ対応・混雑対応）

②住民生活への配慮が欠けた観光客向けサービス開発（ｅｘ違法民泊・ゼロドルツアー）

③観光客による、無意識のマナー違反と、身勝手なマナー違反（ｅｘゴミのポイ捨

て、飲食禁止エリアでの飲食）

先ほどまで取り上げていた事例は、①の観光地開発のものが多かったと思います。本書では、②のサービス開発はあまり扱っておりませんが、違法民泊やゼロドルツアーなど様々な受け入れ負担のみで、地域メリットのないビジネスがあります。③のマナー違反については、Chapter3で大きく扱います。

こういった課題を前に、それぞれの地域が、旅行者を受け入れるか否かの判断をしてくことになり、そこで重視されるのが、**「旅行者を受け入れたいかどうかという住民の気持ち」**です。

しかし、コロナ以前、「観光客は来ないでほしい」といった、観光客嫌いの現象が起きていました。

京都では「観光公害」と呼ばれ、世界ではtourismphobia（観光客恐怖症）と言われます。

これらは、観光課題に対する蓄積した不満だけでなく、メディアが観光客をどのように取り上げるか、そして観光客との交流機会を住民が持っていたかどうか、などが関係しています。

観光産業がもたらす経済効果のみでは判断されません。

なかには、「自分が旅行に行くのは大好きだけど、地元には観光客に来ないでほしい」と思う人もいるでしょう。

しかし、そんな中でも、受け入れてくれる地域があります。私は旅行者として、その有難さに気づき、感謝していきたいと思います。

そして、**地元の方と積極的にかかわり、「観光客を受け入れてよかった」と思っていただきたいと考えています。**

また帰宅後は、自分の地元に来る観光客に対し、少し優しい目で見ることで、受け入れてくれた恩送りができるのではと思っています。

旅行文化とは、自分たちの街を共有しているということです。

そして、一番小さな旅行文化は、「友だちの家に遊びに行き、友だちが自分の家に来る」ではないでしょうか。

その距離や範囲が広くなっても、基本は変わらないはずです。

旅行文化を残したいと考えるなら、**旅行するときは、旅先の住民へ寄り添い、旅先に合わせた行動に努め、住民のときは、旅行者を受け入れる街づくりに励むことが大切**です。

共有地の悲劇

ここで再度、整理したいと思います。

一体観光問題は誰のせいで、誰が被害を被っているのでしょうか。その答えは、観光客・住民・事業者それぞれのせいで、未来の私たちの旅行の可能性と、それによって享受できるはずのメリットを失っている、つまり**「共有地の悲劇」の問題**です。

共有地の悲劇というのは、**「ある集合体の中で、メンバー全員が協力的行動をとっていれば、メンバー全員にメリットがあるにも関わらず、それぞれが合理的判断の下、利己的に行動する非協力状態になってしまった結果、誰にとってもデメリットになってしまう」**ことです。

観光客・住民・事業者がお互いに寄り添うことで、観光客は旅を満喫し、住民は穏やかな生活を営み、事業者は仕事を得ることができます。

一方で、観光客は自分勝手な振る舞いをし、住民は観光客を退け、事業者が儲かるだけのビジネスをすると、観光客は観光ができず、住民は生活インフラを維持できず、事業者は倒産します。

誰か悪人がいて、誰かが今すぐ大きく被害を受けることがないことが、この問題を見えづらくします。しかし、このまま放置すれば、旅行文化は破綻します。

旅行する人は楽しく、事業者は仕事になり、住民は生活インフラが整備され、街並みが整う、そんなウィンウィンの可能性にあふれた文化を失うのはあまりにもったいないと思いませんか。

だから、**三者は、お互いのためにも、寄り添い、協力し合うことが大切です。それを「観光客目線から築こう」というのが、これからお話しする良い旅行者の心構え「ツーリストシップ」**です。

本書では、旅行が好きだから、手放したくないから、もっと楽しい旅行をしたいから、ツーリストシップをご提案します。

では、このツーリストシップについて、次の章で詳しくご紹介させていただきます。

Chapter 2
「ツーリストシップ」とはなにか

言葉は共感を生み、行動を導き、世界をつくる！

さて、ここから本題のツーリストシップについてお話ししたいと思いますが、まず一番大切な**「言葉の威力」**のお話をしたいと思います。

この世の中には、無数の言葉があり、さらに日々様々な言葉が生まれ、共感した人々の口から口へと伝播していきます。

その言葉は、現代では、ＩＴの発達により、インターネットなどを通じて、以前とは比べようのないほどの速さと量で世界中に拡散され、私たちの行動や考え方に大きく影響を与えます。

たとえば、就活から派生した「婚活」という言葉によって、結婚を希望する男女がその準備をすることに抵抗がなくなり、積極的に取り組むことができるようになりました。

また「女子力」という言葉がありますが、今、この言葉は多くの人を巻き込む力があります。程度に差はあれど、特に女性は「女子力」という言葉に反応し、ときに振り回され、ときに自分を磨くための努力をします。

ところが、性別への固定概念を強固にするような言葉は、多様性尊重の観点から、使用を控えるようになってきています。

今後、女子力という言葉を耳にすることはなくなるかもしれません。その世界では、女子力、つまり「女らしいかわいさ」を磨く人はいないかもしれません。

このように言葉が生まれ、行動が起こり、言葉が消え、行動が消える。言葉は、その先の行動をつくる大きな力を持っているのです。

「ツーリストシップ」は、「スポーツマンシップ」という言葉に着想を得た造語です。

スポーツマンシップという言葉から、あなたは何を連想しますか。「学校の運動会で選手宣誓でスポーツマンシップを誓う」「負けてもちゃんとお礼を言う」「試合会場は来たときよりきれいにして返す」等々。

スポーツの力量だけでなく、振舞いのかっこよさが光る人の姿が思い浮かぶと思います。

同じことが旅行というジャンルに起きたらどうでしょう。**観光客を指す「ツーリスト」という言葉を使ったツーリストシップが広がれば、観光客のかっこいい振る舞いを増やすことができるのではないかと思っています。**

むしろ今までなぜこの言葉が存在しなかったのか、不思議なほど、すでにいろいろな観光地でかっこいい振る舞いの旅行者はたくさんいます。

しかし、言葉ができ、人々がツーリストシップ（良い旅行行動）を意識するようになれば、旅行者の良い行動は認識してもらえるようになり、ときには褒めてもらえるかもしれません。すると、ツーリストシップの行動は増え、レベルが上がっていくでしょう。

そして、その先には、旅行者が築く新しい持続可能で楽しい旅行文化が現れると考えています。

だから私は、ツーリストシップという言葉を世界の常用語にすべく活動を行っています。

いろいろな人がいろいろな場所で、

「俺、ツーリストシップあるから、文化遺産に落書きなんて絶対にしない」

「あの人すごくない？　めっちゃ地元の人との交流を楽しんでる。ツーリストシップあるなあ」

などといった会話が自然と起こることで、一人ひとりの行動がレベルアップし、また一方で無自覚のうちに旅行の仕方を見つめることになればと考えています。

野望を少しお話しします。オリンピックやＷＢＣ、サッカーのワールドカップ中やその後は、選手のプレーだけでなく、選手のスポーツマンシップが、マスコミなどで話題になることが多くあります。そこに人々は心を震わし、感動するでしょう。

一方で、ゴールデンウイークやお盆の時期はどうでしょうか。恒例の混雑ネタ以外は特に話題はなく、「こんな出会いがあった、こんな交流が起きていた」という旅行の良い振る舞いやツーリストシップを取り上げるマスコミはほとんどありません。

私は、ツーリストシップが普及した先に、旅行シーズンのメディア報道は、ツーリストシップの感動話であふれるようになったらいいなと思っています。

ツーリストシップの基本理念

私は、**その地に住む・働く・訪れる、みんなが寄り添い交わる、共存共栄の社会をつくりたい**と考えています。

そのために、まず観光客が一歩を踏み出すきっかけに、スローガンとして、スポーツマンシップの観光版「ツーリストシップ」を掲げています。

それはすなわち、**「自分一人が楽しめればいいという旅行」**から、**「みんなで楽しむ旅行」へのシフト**です。

このシフトには二つの意味があります。

まず一つは、**「自分一人が楽しめればいい」では、もう観光産業がもたなくなっている**ということです。

Chapter1で取り上げたように、毎年急増する観光客に、受け入れ地域は、もう対応できなくなっています。なので、私たちがこれからも旅行を楽しむには、「みんなで楽しむ」にシフトしなくてはいけません。

このシフトはいわば、**「行けば行くほど旅先を消費する旅」から、「行けば行くほど旅先を豊かにする旅」**へのシフトでもあります。

もう一つは、**「みんなで楽しむ旅」の需要が高まっている**ということです。

今の時代、パソコンの画面からは、アラスカに行かなくともオーロラは見えるし、沖縄に行かなくてもサンゴ礁は見ることができます。また食事から買い物まで、家に何でも宅配してくれます。

そんな中、私たちはわざわざ準備をして家の外に出ます。旅行に出かけます。

それなら、家でできない体験がしたい、もっと楽しめることをしたい、と思うのが人間の性でしょう。

そこで注目されるのは、**「そのときその場にいたから生まれる交流」**です。旅先での出会いは、その人がその場に行かなければ、また相手もその場にいなければ、起こりえません。

そんな「偶然の出会い」を楽しめるのが、リアルな旅行の醍醐味ではないでしょうか。

訪れた先での、人、もの、こと、時代、自然、様々な偶然の出会いを、その場に集ったみんなで楽しみたい、分かち合いたい。

この純粋な旅行愛から、ツーリストシップの「お互いへの寄り添い・敬意」が生まれると考えています。

ツーリストシップを発揮するには、「素人根性」と「お名前精神」

ツーリストシップで大切なのは、「寄り添い」と「交流」です。

寄り添いは、「知らない」「わからない」をカバーするツーリストシップ、交流は、旅行を楽しくするツーリストシップです。

まず、**「寄り添い」**について。ここで質問ですが、多くの観光客に共通していることとは何だと思いますか。

それは、**「素人である」**ということです。

初めて訪れる地域は、すべて素人です。北海道素人であり、カナダ素人……。それに、旅先ではそれこそ「体験」をしますから、素人キャンパーに、素人ダイバー、素人川下りに、素人工芸士……です。

旅先では、普段しないこと、特に**「初めて」を体験**します。ですので、素人なことが当たり前なのです。

そこで必要なのは、律儀な**「素人根性」**です。それはつまり、**「素人ですから、わからないことが多いので、失礼にならないように努力します！」という根性**です。

旅先のことを知ろうとすること、理解しようとすること。素人だからこそのプライドがつくる寄り添いです。

次に**「交流」**でカギになるは、**「お名前精神」**です。

私たち旅行者は、悲しいことに、観光地から見たら顧客、つまりお財布を持った消費者です。消費者に、「佐藤さん」「田中さん」などの名前はありません。ただ一つの数字、「どれだけお金を落とすか」のみです。

しかし、私たちは同時に、一人ひとり名前があって、生身の人間です。もっと言えば、「楽しみ・感動を分かち合いたい」「一時的ではあるものの、よそ者から一歩進んだ地域のサブメンバーでありたい」とすら思っています。

「数多いる消費者として匿名の私」と「旅を楽しみたい名前のある私」、この両面を併せ持つ私たち。皆さんは、普段旅行をするとき、どちらで過ごしていますか。

あえて「名前のある私」になり、交わる相手にも「名前のあるあなた」を引き出すことが、ツーリストシップではないかと考えています。

「自分は〜から来た」「〜を楽しみに来た」といった自己開示。

名前のなかった店員さんに、「この街に長く住んでいるのですか?」と声掛けを行うことで、一人の「あなた」にする。

そんな名前のある一人の人間として接することは、旅先での交流をさらに、あたたかく、味わい深いものにし、お互いの楽しさに繋がっていきます。

先ほど、自分たちは財布と思われるという話をしましたが、私たちも店員さんのことを「もてなしてくれる人」であり、それ以外には興味を持たなかったりしませんか。店員さんだって、地域の人です。

もしあなたが「もてなしてくれるだけの人」のような接し方をすると、店員さんもあなたをお財布と思うでしょう。それは、楽しくて心豊かになる交流ではありません。

そこで私たちは、**ふとした会話の中で、自己開示や相手のパーソナルなことを聞くことで、名前のある人同士の交流に姿を変える**ことができます。

そして、それこそが、観光客・住民・観光事業者それぞれお互いの楽しみを創出し、旅行文化をもっと楽しくする、ツーリストシップではないかと考えています。

以上、**ツーリストシップで大切なことは、寄り添いの基本「素人根性」と、交流の基本「お名前精神」**です。ぜひ旅先で、「今、素人根性あったかな？　今、お名前精神発揮したかな？」と思い出してみてください。

基本の考え方は以上です。今度は、ツーリストシップの具体的な行動を考えていきましょう。

ツーリストシップの6つの基本アクション「HARF」

これまで4年半、数千人の人との対話・ディスカッションを通して編み出した、「とりあえずはこれ」というツーリストシップの基本行動例。今からあなたにお伝えできること、とてもワクワクしています。

ツーリストシップの6つの基本アクションは「HARF」です。

●ツーリストシップの6つの基本アクション「HARF」（読み方：かぎかっこはーふかぎかっこ）

「－Look up：調べる

H－Hello!：元気な挨拶

A－Ask：聞く

R―Read：読む

F―Follow rules：ルールを守る

L―Leverage：活かす

じつは、かぎかっこ（「」）にも意味を担ってもらっています。

「―Look up：調べる

最初の「は、L（エル）という文字に変換しています。「Look up」は、事前に調べるという意味です。旅行前に発揮できる最大のツーリストシップな行動です。

当たり前かもしれませんが、何も知らない状態で行くより、先に旅先の文化や歴史を調べてから行くことは、とても大切です。

旅先でみんなとの時間を楽しむには、マナー違反はご法度ですよね。ですが、この世の中にあるマナー違反の多くは、知らぬがゆえにやらかしてしまっていることが多いのです。

たとえば、靴を脱ぐと知らずに入ってしまった、写真撮影禁止と知らずに撮ってしまった、静かにしないといけないことを知らずに騒いでしまった、など。

なので、行き先の事前情報は、旅先を大切にするための心強い相棒となります。特に、遠くの国、違う宗教の国に行く場合は、意識して調べていくことをお勧めします。

「知らないから、だから最低限調べることはしてきたよ。でも間違ったらごめん。そのときは教えてね」

これこそ、素人根性の魂、ツーリストシップの権化です。

また、お名前精神を発揮するための事前調べもあります。たとえば、旅先の方言を含む言葉です。これを知っていると、旅行中でのコミュニケーションに活かせますね。

旅行の予定が決まってきたら、素人根性とお名前精神の「事前調べ」、ぜひ実践してみてください。

コラム：ツーリストシップのリサーチ力

みなさんは、事前に何を調べますか？　おいしそうなご飯屋さん、おもしろそうな体験、宿泊施設、持ち物、天気……くらいでしょうか。

そこでご提案があります。**①混雑回避のためにできること、②その地域を守るためにできること**を調べてみていただきたいのです。

①の混雑について、前章でお伝えしたように、観光客・住民・事業者の誰にとっても損な状況です。

観光客は、行列、しかも多くは立ちっぱなしで、せっかくの時間を使わないといけませんし、住民は行列によりその道が通りづらいですし、事業者にとっては待つ場所を確保しないといけませんから。

ですので、**観光客にできるツーリストシップは、その混雑になるべく行かない**ことです。具体的には、事前予約ができる場所を選んだり、混雑していない場所を意識的に選んだりすることです。

そうすると、自分の旅行時間も有意義ですし、観光地も嬉しい旅行ができます。一石二鳥ですね！

②の地域を守るためにできることは、**「地名＋マナー」などと調べたり、各地の観光協会（DMO）のサイトを覗く**ことです。

ちなみに、「地名＋観光協会」と検索するとヒットする観光協会のサイトがあります。得情報や、お勧めルートなどが載っていて、得することが多いです。

その中に、旅行客が地域に貢献できる内容が**「お願いごと」**のような形で書いている場合が多いので、ぜひ見てみてください。

「そんなこともじつは迷惑になっちゃうんだ！」とか、「えっ、そこは意識したほうがいいんだ！」など、結構知らず知らずのうちにやらかしてしまうことって多いのです。

そして、**地域に入る準備ができている旅行客を観光事業者はすぐわかります。**観光事業者は、そんなあなたにはもっと良い体験をと、新たな世界へ誘ってくれることもあるかもしれません。観光事業者も住民ですから、自分の地域を大切にしてくれる人は嬉しいものです。

H ― Hello!：元気な挨拶

ここから、旅行中に発揮したいツーリストシップの内容になります。

どんな準備もいらず、誰にでもどんなときでもできること。それが、**「Hello!」**、**「元気な挨拶」**です!!

ちょっと恥ずかしいと思うかもしれませんが、「旅先だからこそ」できてしまうものではないでしょうか。いつもよりちょっと勇気を出して、「こんにちは～、今日はいい天気ですね～」なんて声をかけてみてはいかがでしょうか。

自分と同じ遠方から来た旅行者や、そこに住んでいる人、そこで働いている人。誰しも初めての人との会話は

緊張しますが、結構楽しいものです。

それに、話が終わればすぐバイバイとできるのも、いいところですよね。ものの数秒から、盛り上がれば数十分になる。

その緩さが旅行先での偶発的な交流の醍醐味です。ぜひ、お名前精神を意識して、味のある豊かな交流を楽しんでください。

そして、何よりも大事なこと。それは、じろじろ見る嫌な観光客から、挨拶をしてくれる爽やかな観光客へのイメージチェンジです。

挨拶による何気ない交流が、じつは、住民の対観光客感情を好転させ、満足度につながり、観光街づくりの協力につながっていくのです。

A―Ask：聞く

これは観光客として、挨拶の次に最も大事な心がけだと思います。**「Ask」、「何でも聞く」**ことです。

「素人ですから、わからないことが多いので、失礼にならないようにいろいろ聞きます！」という純粋な素人根性です。プライドを持って、いろいろなことを聞いてみてください。

お坊さんが言っていました。

「無知を恥じて、聞かずに誤ったお作法をされる方がいるのですが、それでは注意をしなければいけません。聞いていただければ、他の事もいろいろとお伝えすること

ができます」

「知ったかぶりをするのではなく、聞いてほしい。そのほうが、たくさんのことをお伝えできて、こちらも嬉しいのです」と。

何でも気になったら聞いてみましょう。それも交流のきっかけです。「聞くは一時の恥、聞かぬは一生の恥」と言いますが、**素人根性とは、「常に聞く」こと**です。

さらに、そこで**お名前精神も発揮**してみてください。同じ旅行者に会ったら「どこから来たんですか？　私は○○なんですよ」、住民や事業者に会ったら「○○から来たんですよ、行ったことありますか？」などと話しかけてみましょう。旅行なので場所ネタだけでも、だいぶ盛り上がりますね。

たまたま同じ場所にいただけで、普通なら交わることのなかった人とあなたが、お名前精神を発揮することで、交わりが始まるのです。

R―Read：読む

これも、素人根性の発揮どころです。「Read」、**「もらったチラシや掲示物は、とりあえず見て読む！」**というものです。

なぜなら、そのどこかに、観光地側からの**「これはしないでほしい」**が入っている可能性が高いからです。

たとえば、「ここは神聖な場所なので静かにしてください」「飲食は禁止しています」「ゴミ箱は○○にあります」など。

それだけでなく、自分たちにとって重要なことも結構書いています。「駅まで徒歩で行けます」「予約必要です」、それに「クーポン」なんていうときもありますから。

声をかけることや調べることが得意ではない人は、「と

りあえず掲示物と配布物は目を通すようにする」と心がけてみてください。これも素人根性、ツーリストシップです。

また、**チラシを読んでくれたことを、観光地の人やガイドさんはすぐわかります。**そんな優しいお客さんには、もっと伝えたい、もっと知ってほしい、そう前のめりになるのが人間です。

人一倍もてなされる可能性を秘めたチラシをポイっと捨てるのは、あまりにもったいないのです。

F — Follow rules：ルールを守る

これは、当たり前ですね！「Follow rules」、**「せっかく調べたり聞いたり読んだりして知ったマナーやルールは守る」**です。

これ以上にお伝えすることはないのですが、やはりここに書かなくてはいけないくらい、旅先の楽しい雰囲気の中で守るのには強い心がいるものです。

「面倒だから」「時間がないから」「お金がもったいないから」「自分たちが楽しいから」のような身勝手な理由で、ゴミを捨てちゃだめだとわかっているけど、捨てちゃう。

落書きがだめとわかっているけど、書いちゃう。

騒いではダメと知っているけど、騒いじゃう。

立ち入り禁止だけど、写真が撮りたいから入っちゃう。

特に最近は、良い写真が撮りたいという理由で、交差点のど真ん中で立ち止まって写真を撮ったり、踏切の中に入って撮ったりという行動が増えています。

それがダメなことはわかっているはず。

せっかくですから、かっこいい旅行客になりたいですね。

」―Leverage：活かす

最後の」のLは、**旅行後に発揮していただきたいツーリストシップ**です。せっかく、旅先でいろいろな方に支えていただいて、いろいろな経験をしたのだから、楽しんで終わりではもったいない。**「Leverage」、「日常生活にも活かしていきましょう！」**というツーリストシップです。

そして、ここで特にお伝えしたいのが、**自分の街に訪れる旅行者に、おもてなしをお返ししませんか？**というご提案です。

私たちは多くの場合、観光客ではなく、どこかの街の住民です。ですが、その街にも旅行者は来てい

るはずです。

旅行を楽しんだ後は、住民の立場から、観光客に寄り添い、迷っている人がいたら声をかけてあげたり、お勧めを教えてあげたり、一緒にご飯を食べてみたり、交流の一歩を踏み出してみてください。

これも、次の旅行者へバトンをつなぐという意味で、旅を終えた後のツーリストシップだと考えています。


これで6つの基本アクション「ＨＡＲＦ」は以上です。ツーリストシップをすぐに実践できるように、基本的な行動例をまとめたのが「ＨＡＲＦ」ですので、ツーリストシップはこれだけではありません。

しかし、これを意識するだけでも、旅行は飛躍的に楽しく、濃くなります。みなさんの旅をもっと楽しく、有意義に、心地よくするために、そしてこれからも旅行を続けられる世の中をつくるために、ぜひ取り入れてみてください。

ツーリストシップの実践が、もっと旅行を楽しくする！

「ＨＡＲＦ」はいかがでしたか。「今すぐ実践したくなった」と聞こえてきた気がします（笑）。

「知っている」と「実践している」ではまったく異なるので、ぜひ、お試しください。

また、「ＨＡＲＦ」の実践において、もう一つ大切なことがあります。それは、**「ＨＡＲＦ」の行動を見つけて、褒める**ということです。

自分の旅仲間や隣の見ず知らずの観光客が、「ＨＡＲＦ」を実践してツーリストシップを発揮していたら、ぜひ「ツーリストシップだね」と言って、称えていただけませんか。褒められた人は、もっとツーリストシップを実践するかもしれません。

褒められている状況を見た隣の人は、「今度は自分が……」と、ツーリストシップを実践するかもしれません。

あなたの一言が、ツーリストシップのムーブメントを起こします。良い旅行者が増え、旅行文化が活性化するために、ぜひ「ツーリストシップいいね！」とお褒めの言葉を拡散してください。

Chapter1では、旅行客は旅行を楽しみ、住民はより整備されたきれいな街に住み、事業者は仕事ができるという、三方良しの旅行を未来につなげていくために、旅行者から一歩を踏み出す「ツーリストシップ」を意識すべきだというお話をしました。

しかし、このツーリストシップを意識することは、そんな「すべき論」を超えた、旅の思い出を濃く豊かにしてくれるものとなります。

これ以上ツーリストシップな旅の魅力をお話ししても、意味はないですね。なぜなら、旅は行くからこそ楽しさがわかるように、ツーリストシップも発揮してこそ楽しさがわかるものですから。

このあとの章では、皆さんがツーリストシップな旅をイメージしていただくために、「観光客の嫌われた行動と観光客の好かれた行動」を実際のエピソードとともにご紹介します！

コラム：旅先の自然と文化に寄り添う

本章でご紹介した行動例以外には、どんなツーリストシップがあるでしょうか。たとえば、**「文化芸能を楽しむ」「地産地消を心がける」「旅先の自然保護（たとえば二酸化炭素を極力排出しないような旅にする）」**など、いろいろなツーリストシップが考えられます。

中でも大きく二つ**「N（Nature）：地域の自然」「C（Culture）：地域の文化」**に分けてとらえるとわかりやすいのではと思います。

N：旅先の自然を守る

旅先で行うエコな取り組みは、全部ツーリストシップと呼べるかもしれません。たとえば、宿泊先での節電節水も、旅先の自然を守るツーリストシップではないでしょうか。

C：地域の文化

旅先で地域の文化を支えることもツーリストシップです。地域の人がつくったものを買ったり、地域の人の文化交流を支えたりすることは、立派なツーリストシップですね。

Chapter 3

旅行客の奇行とツーリストシップ

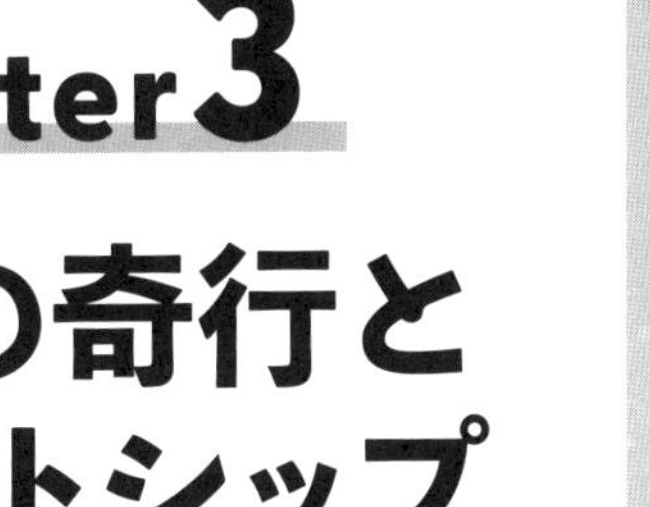

信じられない！旅先で嫌われてしまった観光客の行動

この章では、「旅先で嫌われてしまった観光客の行動」をご紹介いたします。私どもがヒアリングにヒアリングを重ね、作成したマナー違反事例、その中でも、ぜひ知っていただきたい選りすぐりの事例を抜粋しましたので、ご覧あれ！

ホテルのケトルで キムチ鍋を食べた人

ホテルにあるケトルでお湯を沸かしたあと、ケトルにそのまま肉と野菜とキムチを入れて鍋にする人がいます。

ちなみに、もはやこれはホテル業界では隠れた「あるある」のようで、「うちではカニ鍋だったよ」「うちではしゃぶしゃぶがあったよ」「いや、おでんも」と事例の枚挙に暇がありません。

これら一連のケトル事件は何が問題でしょうか。まずケトルはそんな使い方を想定していないので、故障しやすくなります。

次に、ハウスキーパーさんがお部屋に入るころには、ケトルはカビだらけ。発見次第、毎回廃棄されているそうです……。これは、もったいないし、ホテルも困りますね。

それに困るのはホテルだけじゃありません。ホテルは換気を前提につくっていないので、部屋や通路で臭いが滞留するそうです。

私はカニが大好きですが、疲れた旅路にカニ臭いお部屋にチェックインはごめんです。

ツーリストシップなひとこと

「鍋が食べたいけど、どうしよう！　あ、ケトルで食べればいいじゃん！」と思いついたのは天才的で、サバイバルには役立つと思います。

だけど、サバイバルと違って生命の保障がある状態ですから、**まず一言ホテルの人に聞きましょう。**「ケトルで鍋をつくってもいいですか？」と。

試す前に、素人根性、まず「聞く」の実践が必要ですね。

すきやきを、
チャーハンにして食べた人

すきやき屋さんですきやきを注文後、ぐつぐつ煮込んだ鍋に、なんと、白ご飯と生卵を鍋に入れる人がいるそうです。何ができると思いますか？　はい、チャーハンです。

この事件、高級すき焼き屋で起きていて、とっても高い鉄鍋に、本来つくはずのないおこげができていて、使い物にならなくなったと大将は嘆いていました。

ツーリストシップなひとこと

これの何が問題かというと、**「勝手に料理を変更している」**ということです。料理人にも考えがありますし、予期せぬ故障や事故につながる可能性があります。

これも「私は生卵が不得意なので、鍋の中に入れてもいいですか？」と質問するのがツーリストシップですね。

もし海外のお客さんで、日本の食べ方を知らずにチャーハンにしていた場合は、どうでしょうか。

お店の人が食べ方を事前にお伝えしたり、隣で食べている日本人が教えてあげることもできますね。みんなで寄り添っていくツーリストシップが発揮される瞬間です。

戦争跡地で騒ぐ子どもたち

修学旅行で戦争跡地や被災地に行き、騒いではいけない場所で騒いでしまう子どもたち。このお話で、あなたに少し聞きたいことがあります。

「戦争跡地を訪れるときのツーリストシップって何でしょうか」

ツーリストシップなひとこと

私たちは、どこかに訪れるとき、「訪れてあげている」し、「もてなされて当たり前」。どんなときでも「サービスしてほしい」し、「自分たちが興味あるように話してほしい」を求めているように思うのです。

この考え方が、日本の最高のおもてなしを築いてきたことは事実ですし、事業者さんにはその心がけの下、日々サービスを洗練いただく必要はあると思います。

ですが、私たち旅行者はそんなにも偉いのでしょうか。

騒いだ子どもたちは間違いなく悪いですし、これを経験に想像力のある人になってほしい。

しかし、問題なのは、この社会に漂うまるで「お客様は神様」のような、「**自分たちが楽しめる、学べる、最善の状態にしていないのが悪い**」という根底の価値観のような気がします。

話し方や臨場感の話をする前に、考えをめぐらせるべきは、語り部のみなさんが、人生で一番辛い思いをみなの前でお話しする理由。

そこには強い思いがあり、優しい心がある。私たちは話に耳を傾けることで、想像し、疑似体験をさせていただくのです。

その場にいるすべての大人が、語り部さんに敬意を持って接していたら、子どもたちもその重みに気づいたかもしれません。

オーディオスピーカーの消えたホテル

客室でいい音楽を聴いてほしい。そんな思いから、高価なスピーカーを置いておいたら、お客様のご利用後になくなっていたという事例。

ツーリストシップなひとこと

これは完全に、犯罪です!! 備品はもらえるものではありません!!

もし、もらっていいかわからないものは、聞きましょう。そして、そう考えるようなものは基本ダメです。

私たちは、宿泊するために部屋に入っているのであって、備品をもらうためではないはずです。

こういうことが起きると、これから先の旅行者はいいBGMを聞くことができない!!などということも起こりかねません。

こうした旅行者によって、どんどん備品が質素になっていかないように、また宿泊代金が高騰しないように、ともにルールは守りましょう。

極端な値下げを要求する人

日本人は、東南アジアのナイトマーケットに行くと、勝負のような値下げ合戦をすることが多いと言われています。仲間の中で誰が一番ディスカウントできたかを競っているようです。

ツーリストシップなひとこと

現地側はたまったものではありません。値下げ交渉を楽しんでいる間はいいですが、しつこく下げ続けた結果、やはり買わないとなると、心象は最悪です。

あなたのお菓子代にも満たない100円の値下げは、現地では生活を支える100円というのを忘れずに。なんともツーリストシップがない行為です。

旅館で汚れを見つけ、支配人を呼び出し、一晩中土下座させた人

小さな汚れを見つけ、呼び出すと、朝まで土下座をさせた人がいました。ちなみにお客さんがさせた例と、添乗員さんがさせた例があると聞きました。

ツーリストシップなひとこと

少し面白いお話があります。じつは、20代から30代の若者のほうが、ホテルをきれいに使う傾向にあると聞きます。

若者のほうが、脱いだパジャマやタオルを1か所にまとめてくれるので、部屋に入ったとき有難いそうです。

映え巡りや食べ歩きで発生するゴミを見て、「今の若者は〜」と言うのではなく、ツーリストシップはどの世代でも、考えて、見つめていかねばならない問題です。

下水の溝にゴミを捨てる人

こちらの写真をご覧ください。じつは観光地ではよくこの光景を見つけることができます。残念ながら「あるある」なのです。

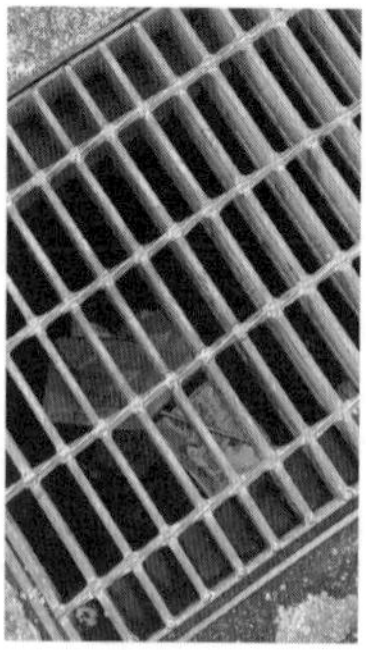

ツーリストシップなひとこと

欧米には大量のゴミ箱があります。どこに立っていても、視界にゴミ箱が入るほど、たくさんあります。しかし、アジア、特に日本はゴミ箱が圧倒的に少ない傾向にあります。

旅行者として、このゴミ箱がない状況、どうしたらいいのでしょうか。食べ歩きをしたら、ゴミは出てしまいます。

対策① 事前にゴミ袋を用意していくこと

むかーしの記憶を思い出してください。遠足にはお菓子のゴミ袋を持っていきませんでしたか。あんな感じで持っていくと、ゴミの心配をせずにすみます。

対策② 購入した際にゴミ箱の場所を聞くこと

どう考えてもこれを食べ歩いたらゴミが出るとわかっている場合、先手を打ちましょう。お店の人に聞いてみてください。これで安心ですね。

またはゴミ箱がなさそうであれば、食べ終わった後のゴミを入れる袋をもらうのも一つの手と思います。

対策③ 近くの店舗にゴミを受け取ってもらえないかお願いする

「どうしよう。食べ終わって、ゴミを捨てたいがどうしようもない」。そんなときは、近くにある店舗に相談してみましょう。ゴミを引き受けてくれたり、場所を教えてくれたりします。

相談しながら臨機応変に工夫して対応していきましょう！　見知らぬ地でも、今できることの最善をつくすこと、これがツーリストシップです。

芸妓さんと舞妓さんを
勘違いした人

芸妓《げいこ》さん体験を申し込まれた外国のお客さん。しかし、事件が起きます。芸妓さんはかつらをつけるのですが、当日お客さんは、「プロでしょ？　なんで私の髪でしてくれないの？」と舞妓《まいこ》さんの写真を見て抗議。

そう、お客さんは、自分の髪を編む舞妓さんと間違えていたのです。ヘアメイクさんが、「写真は舞妓さんで、今日ご用意しているのは芸妓さんで……」と説明しても納得いかず。口紅の仕方も舞妓さんと芸妓さんで違うのですが、それも舞妓さんスタイルがよいと……。

ツーリストシップなひとこと

そこにお勤めの方が仰っていました。「とってもむかつきました。だけど、はるばる日本に来て、芸妓さんを見つけて、その体験をしようと思うところはすごいと思います。だから、本当に惜しいなと思いました」

うーん、このコメント素敵。まさにツーリストシップだと思ったので、このエピソードごと紹介させていただきました。

レンタサイクルを川に投げた人

レンタサイクル屋さんのエピソードです。期日が過ぎても自転車が返ってこないので、お客さんが行ったであろう場所を探していると、川に捨てられたわが社の自転車を発見。

さらに、他にもエピソードがあります。深夜に電話がかかってきて、電話に出ると、今朝自転車を借りた女子2人組。なんと宿に着かず変な場所に来てしまったので、車で迎えに来てほしいと。夜に女子を放置することもできず、車で向かったそうです。後日、そのレンタサイクル屋さんは、「こんなのやってられない！」と店を閉じてしまいました。

ツーリストシップなひとこと

なんでこんなひどいことができるのでしょう……。ちなみに大手のレンタサイクル屋さんだと、月に1回緊急搬送があるとか。それくらい事故も多い業界なようです。楽しくなってくると、無理して、すごいスピードを出してしまうそうです。楽しい旅行も台無しになりますから、気をつけてください！

京都――奈良間を「30分でお願い」と言う人

京都―奈良間は、近鉄特急で35分かかる距離です。しかし、タクシーの運転手さんに、京都―奈良間を30分でお願いする乗客。

そして、行けないとわかったあと、「どうして行けないんですか!?」と食ってかかったそうです。

ツーリストシップなひとこと

タクシーに乗車する前や、運転手さんに聞く前に、スマホで調べたらすぐ不可能だとわかりますね。

でも、知らなかったのは仕方がない。その行けないとわかった後の対応こそが、「怒る」のか「相談する」のか、ツーリストシップの発揮どころですね。

絶対に座布団に座らない人

お座敷しかない場所で「椅子が必要です」と激しく主張する人。

ツーリストシップなひとこと

私も正座が得意ではないので、気持ちは大変わかります。

しかし、お座敷しかない場所には、お座敷である理由、たとえば「お座敷の目線に合わせて、すべての造形が整えられたお庭だから、ぜひ座ってみてほしい」ということもあるのです。

なので、椅子をお願いする際、「お座敷でしか見られない景色がおありだと思うのですが、すみません、足が悪くて」のような感じで言っていただけたら、今度はその事業者さん、正座しなくてもその景色が見えるように、改良してくれるかもしれません。

ツーリストシップの発揮で、あなたの訪れた場所はどんどん素敵になっていきますね。

向こう見ずな写真撮影

ＳＮＳに投稿する衝撃的な1枚が撮りたい。

すごいって言われる奇跡的な写真が欲しい。

そんな願望から、立ち入り禁止の場所に入ってみたり、横断歩道の途中で立ち止まったり、踏切の中に入ってみたり……。

ツーリストシップなひとこと

写真を撮ってＳＮＳに載せることは、広告効果があるので嬉しがる事業者もいらっしゃいます。しかし、一人がルールを破ると、みんなが破り出します。

ちなみに、「良い写真撮りすぎ事件」というのもご報告いただいています。というのも、肉眼ではそこまで素晴らしくないけど、カメラの機能を駆使し、超かっこいい写真が撮れたというもの。

それが拡散され、この写真を撮りたい、これが見たいと大勢が押し寄せるのですが、本物を見てがっかりされるそうなのです。

近隣住民は、「そんなにがっかりされても！」と苦笑い。

もう一つ、写真を撮るとき、楽しくなってしまって、まわりを見られなくなる方が多いです。特に日本人に多いとご報告も。

急に立ち止まり写真を撮ったり、後ろを見ずに下がったりしていませんか。危ないのでお気をつけて。

怒号の御朱印

コロナ前、御朱印ブームが巻き起こっていたのをご存じでしょうか。そのときのエピソードです。

ある有名なお寺で御朱印をもらうための行列ができていました。すると、列に並んでいる人の中から「早くしろよ！」という怒声が。

ツーリストシップなひとこと

早く全部を集めたいのでしょう。ですが、手を合わせた証書が御朱印です。手を合わせて雑念を解く宗教的意味合いはどこに行ったのか。

宗教に触れるツーリストシップとは何かも考えていきたいですね。

せっかちすぎて何も話を聞かない人

フロントに来るなり、セカセカのお客さん。お話が終わる前に「はい、はい、はい」と早すぎる相槌。「もう説明は終わらせてください」とでも言うような目つき。結果スタッフは、すべてをお伝えできませんでした。

「朝食について時間の予約が必要なので、後ほど連絡をお願いします」と苦し紛れに伝えたことも耳に入らなかったようで、結果そのお客さんは、朝食を好みの時間に食べられなかったそうです。

ツーリストシップなひとこと

「世の中には良いサービスを受けられる人と、受けられない人がいるんです」

そう話す支配人と出会い、詳しくお話をお伺いしました。

「横柄でわがままで、スタッフのことを下僕のように扱う人は、とても損をしている。そういう方の特徴は高圧的で、どこか不機嫌に見えて、こちらの話をさえぎるように返事をする」

そういう方は、教えてもらえることを教えてもらえません。

スタッフは、マニュアルでも、届けたい思いでも、1から10まである説明を、イライラしているから5で終わりにしよう、早くチェックインさせるために3にしようという気持ちになります。手に入る情報が手に入らない、これは本当に損です。

支配人は続けます。

「旅行者と地域の方の交流と言いますが、地域の方にホテルの人も含まれるでしょう。これでは、良い関係は築けません」

ツーリストシップだなあと思ったので、そのまま紹介させていただきました。

ご飯に文句をつける人

九州に行って、甘すぎるから、もっと甘さを控えてくれと文句をつける。
北陸に行って、塩分が強すぎるから、コップの水に浸して食べる。

ツーリストシップなひとこと

衣食住、これは人間の根源で、批判することは極力避けるべきというのは、常識かもしれません。

ですが、服装や住居は文化として受け入れることができるものの、食べ物はついつい言いたくなってしまうものです。

どこであっても自分の口に合うおいしいものが食べたいという気持ちはわかりますが、なぜそういう味付けになったのか、理由を考えていくと、味の違いに楽しさを覚えるかもしれません。

ローカルな街に行ったときは、「郷《ごう》に入《い》っては郷に従え」です。おいしいのが当たり前ではなくて、「経験のために行っていること」と、ちょっと意識するのもツーリストシップかもしれません。

＊＊＊

様々ご紹介させていただきましたが、いかがでしたでしょうか。「そんな人がいるの？」という事例や、「自分もしてたかもとひやっとした」事例、「何が悪いかわからない」事例、いろいろあったかもしれません。

ツーリストシップが扱う課題は、一人ひとりの価値観や文化風習・考え方で共感度合いは異なると思います。

住民にとって、観光客の行為に違和感を抱いても、その理由まで説明することは難しく、一つひとつ「言語化されない不満」として、たまっていくのです。不満の理由に気づいたときにはもう遅く、その嫌な記憶が固まり肥大化し、観光客の追い出しにつながります。

ぜひお友達やご家族と、今回ご紹介したエピソードについて、「これ、どう思う？」と話し合ってみてください。それがまたツーリストシップが広がる一歩です。

コラム：バスの支払いは前？　後ろ？

見知らぬ地に行くと、バスの出入り口、結構迷いませんか？　どっちから乗っていいんだろう？　いつ支払うんだろう？　などと。

答えはとても単純です。

距離によって運賃が変わるタイプだと後の支払いで、均一運賃だと先に支払い、です。

そして、支払う場所は、運転手さんの横ですから、次のようになります。

距離によって運賃が変わるタイプだと、後ろ扉から入って、前扉で支払いをして降りる。

均一運賃だと、前扉から入ってお支払いをして、後ろ扉から降りる。

以上、旅先で誰かに自慢できる雑学でした。

Chapter 4

ツーリストシップ
実践録

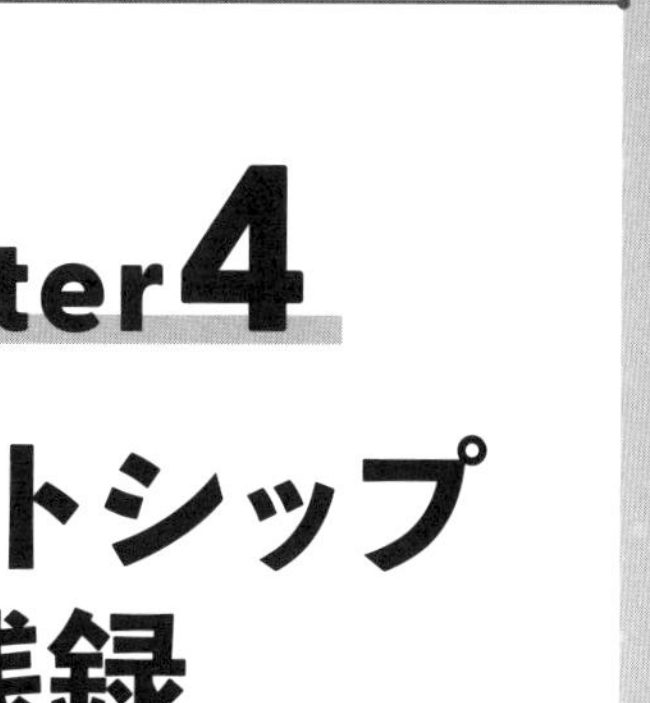

観光客の良い行動は広まりづらい

前章のお話で、「観光客＝悪」のようなイメージを持たれた方もいらっしゃるかもしれません。しかし、そんなことはありません。
良い人もいれば、悪い人もいます。さらには、同じ人でも、良い行動をするときもあれば、悪い行動をしてしまうときもあります。

しかし、悲しい事実として、「良い噂より悪い噂のほうが広がる」というのが人間の性です。なかなか良い振る舞いは注目されなければ、広まることも少ないのです。
観光客の両面を見つめてこそ、ツーリストシップの理解は深まります。

まずは、こんな心温まるお話から。

精進料理で涙する男の子

コロナ前のこと。あるインバウンド団体客さんが精進料理を頼まれたそうです。お一人お一人の前にお膳を出して、少し経ったあと、5歳の男の子がお坊さんに近づいてきました。目には涙をためていたのです。

聞くと、量が多くて食べきれないとのことでした。

「せっかくつくってもらったのに、食べられなくてごめんなさい」と泣く男の子を見て、お坊さんは心が洗われたとおっしゃいます。

ツーリストシップなひとこと

私自身もこの話を聞いて、我が身を振り返ってしまいました。男の子にも、そしてそのお母さんにも、頭が上がりません。

外国の人からの日本文化への敬意を感じ、また日本人として自らの文化への姿勢を正す。観光の魅力だと思います。

＊＊＊

素敵なエピソードはたくさんありますが、聞いた話をそのままお伝えするのでは芸がないでしょう。せっかく素敵なツーリストシップを聞いたのなら、実践すべし！

そこでこの章では、ツーリストシップ例を集め、私が実際に挑戦してみました。ぜひ「自分ならどうするだろう」「自分だとどう思うだろう」とイメージしながら、読み進めていただけましたら幸いです。

スタッフのお名前付きの置き手紙をする

【説明】

ホテルのスタッフさんがお部屋に清掃に入ったとき、お客さんからの置き手紙を見つけることがあるそうです。少なくない頻度ですが、スタッフさんはとても嬉しいそうです。特にスタッフのお名前付きだと、モチベーションにもつながるそうです。

【実践】

早速神戸出張時に実施してみました。思えば改まって手紙を書くのはいつぶりだろう……。恥ずかしいような嬉しいような高揚感と、果たして読んでくれるのだろうかという不安感も含めて、そのふわふわする感じを楽しめました。

ツーリストシップなひとこと

また、この手紙がもしかしたら、ホテルの従業員さんに伝わり、従業員さんが自分の家族に伝え、家族の地元に来る旅行者への眼差しが変わるかもしれません。

一つひとつの積み重ねで、住む人、働く人、訪れる人が寄り添い、交わる世界が築かれる。ぜひみなさんも、お手紙を書いてみてはいかがでしょう。

地域のことを少し調べてから行く

【説明】

この本を書くために改めていろいろな施設にヒアリングに行ったのですが、事前に地域の歴史や施設のＨＰを調べる人は少なく、そういったものを見てくれる人の存在はとても嬉しいとのことでした。

事前調べは、「ＨＡＲＦ」の最初のＬでもあります。ツーリストシップの発揮どころです。

【実践】

先日、福島に旅行に行ってきたので実践してきました。先に様々な震災情報を調べ、まだ帰還困難区域があることや、食品管理を徹底していること、今は処理水問題があることを知ってから行きました。

すると、段々とおしゃべりの機会が増えてくる中で、調べてきたことが生きてきたのです。

「ネットには○○と書いてあったのですが、実際はどうなのでしょうか」

「この報道はどう感じましたか。実際もこうなのですか」

「ネットには○○と書いてありますが、地元目線ではどう感じるのですか」

事前に調べていたからこそ、一歩奥の世界を聞くことができ、またネットにはない情報を知ることができました。

ちなみに、宿泊施設で地方紙を読んでみたのですが、ネットで調べた内容が地域目線で議論されていて、それもまた面白さがありました。

ツーリストシップなひとこと

面倒くさいという感情から、なかなか事前調べは気乗りがしないことも多いと思います。せっかく調べても、ネットに読みやすくまとまった情報が少ないのも現状です。

そこは今の技術に頼り、ＡＩに聞いてみてもいいかもしれません。

楽しく旅先の情報を得ていくのも、ツーリストシップです。

地元の事業者さんを飲みに誘う

【説明】

何のツテもない旅先で、地元の人との接点を持つことは難しいです。しかし、案内をしてくれるホストやガイドさんとの接点はたくさんあります。

そういった人に積極的に話しかけていくことも、ツーリストシップらしい交流ではないでしょうか。

【実践】

グループ旅行の夜、ホテルの公共スペースで飲むことにしたので、ホテルの従業員の方を誘ってみました。すると、「このあと仕事が終わるので行きます」と思わぬ良い反応でした。

数時間後、缶ビールを片手に来てくださりました。そのとき、とても楽しい時間を過ごせたことは説明するまでもありません。

働く人から見た街の魅力はまた違って、とても楽しく刺激的な時間でした。これからもぜひ誘ってみようと思いました。

ツーリストシップなひとこと

従業員の邪魔になるのはいけませんが、ちょっと交流を図ってみることは、従業員の働き甲斐にもつながってきます。

実際、当法人も観光地でブースを出している際、訪れた観光客に晩御飯を誘われることがありました。時間がなくお断りをしましたが、とても嬉しかったのを覚えています。誘ってもらえたという事実が、自分のおもてなしを喜んでもらえた印のように感じたためです。

ぜひ皆さんも、このスタッフさんともっと話したいと思うことがあれば、お誘いしてみてください。そこから思いもよらない交流が生まれるかもしれません。

タクシーの運転手さんと仲良くなる

【説明】

地元のことをよく知っているのは、タクシーの運転手さん。仲良くなって、現地でこそわかる情報をお伺いするのも、楽しく交流するツーリストシップです。

【実践】

たまたま、ある神社のお祭りでお守りを余分に購入してしまったので、タクシーの運転手さんにあげることにしました。

するとびっくり。運転手さんは、毎年行われるその伝統的なお祭りに行ったことがないというのです。というのも、常に繁忙期にあたり、日々のお仕事で時期が終わるとのことでした。

地元では結構有名なお守りなのですが、初めて手にしたようで、とっても喜んでくれました。

終始嬉しそうな運転手さんはいろいろ地元の話をしてくれた後、お会計も安くしてくれました。ちょっと迷ったのですが、この時は甘えることにしました。

ツーリストシップなひとこと

普段は特に意識しない接点でも、旅先で出会う一人として意識して交流することで、様々な思い出ができると実感した瞬間でした。

ツーリストシップは、いつ、どこで、誰とでも、発揮し合い、寄り添い、交わることができるのです。

そして、私たちに温かくて楽しい時間をもたらしてくれるのです。

電車の中で
わざと優先座席に座る

【説明】

優先座席はわざと座って、必要そうな人がいたら譲ってあげるという話を聞きました。というのも、席を譲らない人が座ってしまうより、自分が座って陣取るほうがいいじゃないかと。

【実践】

旅行中だけでなく普段の生活でもできますね。

話を聞いたその日に、空いている路線バスの優先座席に恐る恐る座ってみました。私は小心者で、人の目が気になり、優先座席に座れないタイプです。みんなが座らないその席に座ることは、とても勇気がいりました。

着席後、そわそわしながら、乗ってくる人を見ていたのですが、座席が埋まることがなく、その日は、ただ自分が座っただけで終わりました。

これでは実験の意味がないと、今度は東京山手線で座ってみました。すぐに優先座席を含めた全席がいっぱいになりました。

そして次の駅でおばあちゃんが乗ってきたので、すぐさま席を譲りました。

「よしっ」と思いつつ、なんだかこれは譲る勝負をしているみたいで、自分に笑ってしまいました。果たして、これはツーリストシップなのでしょうか（笑）。

ツーリストシップなひとこと

この状況がツーリストシップかどうかはわかりませんが、少なくとも「譲りたい」という気持ちは立派なツーリストシップだと思います。

旅先で出会った人に「寄り添いたい」、旅先で出会った人と「交流したい」。この心構え自体がツーリストシップですが、これを行動に起こすには、少しばかりの勇気と、少しばかりのアイデアが必要です。

ぜひ本書の様々な事例を見ながら、アイデアを身に着けてもらえたらと思います。

観光客同士で写真を撮り合う

【説明】

観光客同士の交流で唯一思いつくのは、フォトスポットでの写真の撮り合い。そこで、意識して写真の撮り合いをしてきました。


【実践】

淡路島の大きな玉ねぎの前で、写真を撮ろうとしている人たちに、

「写真を撮りましょうか？」

「Ｐｈｏｔｏ？」

と声がけをしてみました。

すると、結構な割合で断られました。不審がられてしまったのです。

そこで、

「私たちも写真を撮ってほしいので……」

と一言追加してみました。すると、成約率は高く、大変うまくいきました。

写真を撮り合ったあとは、

「どこから来たのですか？　私たちは京都です」

と話をしてみると、少し話が弾みました。これまた、面白い経験ができました。

ツーリストシップなひとこと

ここまで大胆に人様の写真を撮り続けたのは、このときくらいですが、写真を媒介とした刹那的交流は、味があって楽しいものです。

観光客同士の交流は、それぞれの状況がなんとなくわかるからこそ、良い塩梅で楽しめるのが特徴かもしれません。

自分たちの集合写真を獲得できて、楽しい会話もできる、一石二鳥な「写真を撮りましょうか？」の一声、ぜひ実践してみてください。

スマホがあれば、土地勘のない旅行者でも助け合える

【説明】

観光客が住民に、住民が観光客にという優しいエピソードはよくありますが、観光客同士の譲り合いや交流エピソードは聞いたことがありません。

そもそも本書を書く上で取材した観光事業者さんが、観光客同士のエピソードを知っていることはほぼないでしょう。

観光客同士のエピソードは、どこにたまるのでしょうか。するとたまたま自分がその場に居合わせることになりました。

【実践】

東京から京都への帰り道、新幹線で隣に座ったおばあちゃんがそわそわしていたので、話しかけてみました。

すると、なんと家出をしてきたとのこと。お墓のある京都にとりあえず向かうべく、飛び乗ったおばあちゃんだったのです。

しかし、京都に着くのは22時過ぎ。予定は何も決まっていませんから、その時間からホテル探しをするというのです。見つからなければ駅で寝ます、と。

事情を聞いてしまった手前、私は何かしなくてはと、スマホのアプリでホテルが取れることを伝え、駅近くのホテルを取りました。

グーグルマップを知らないおばあちゃんには、ホテルへの行き方もわかりませんから、真っ暗の中、私はおばあちゃんを連れてその予約したホテルに向かいました。

ホテルに着き、予約が取れていたことを確認後、私が帰ろうとすると「連絡先を教えてほしい」と言われたので、名刺だけ渡して帰りました。

そして、何の音沙汰もなく、1か月が過ぎようとしたころ、家にかわいらしいマカロンが詰まった箱が届きました。伝票に書いてあった電話番号にお礼の電話をしてみると、おばあちゃんから元気な声と感謝の声が返ってきました。

ツーリストシップなひとこと

ここにあえて書くようなエピソードではないかもしれません。おそらく至る所で、みなさんのまわりで、このような交流というのは起きているでしょう。

そういった寄り添いや交流も、大切な旅の思い出で、ツーリストシップの名の下に、一つひとつ紡ぎたいと思うのです。

観光客同士で楽しみをつくる

【説明】

困っているから助けるのではなく、自らの旅行をもっと楽しくするために、観光客同士で交流することもツーリストシップではないでしょうか。

【実践】

せっかくなら国際交流だと、妹とのハワイ旅行中、ビーチで実践してきました。ビーチボールを持って行ったので、横にいたカップルに声がけを行い、一緒にビーチバレーを楽しみました。

ぎこちない英語でジョークを言いながらも全力で戦い、とても楽しい時間を過ごせました。ちなみに、私と妹の二人が、アメリカ人男女カップルとビーチバレーをしたので、ナンパではないですよ。

ツーリストシップなひとこと

ナンパは、異性と出会い、恋愛関係に発展させることが目的なのでツーリストシップではありません。

しかし、交流を楽しむことを目的に、しつこさがなく、迷惑をかけないクリーンなものは、ツーリストシップの範疇なのかもしれません。

日本人は、知らない人と交わることを過度に嫌い、避けているようにも思います。もっと「その場限りのただのおしゃべりを楽しむ」というのが増えてもいいかもしれませんね。

お土産を買うとき、生産地を見てみる

【説明】

これは農林水産省も危惧をしていることなのですが、旅先の地域でつくられたお土産というのは意外と少ないのです。

大体が東京や大阪などの大都市でつくられており、旅先でお土産を買っても、旅先の地域にお金が落ちない状況になっています。

そこで、あえて、地元産を探し、購入するというのはツーリストシップです。

【実践】

淡路島で実践してみました。

玉ねぎを使ったスープ系は、淡路島産のものが多々ありました。しかし、お菓子系は確かに淡路島産のものは少ないのです。

おしゃれでかわいいクッキーやラングドシャは、違う都道府県でつくられていました。その場では、他府県産のものと地元産のものを2つ買って帰りました。

ツーリストシップなひとこと

他府県資本が全部ＮＧというわけではまったくありません。ですが、せっかく訪れているのに、旅先でつくられたものを一つも買わずに帰るというのは、旅先の持続性を損なう動きになってしまいます。

あなたが使った道路、トイレに看板、街の景観。これらをつくり、維持している人々や企業や行政に、代金や税金として落ちる仕組みに貢献するのもツーリストシップでしょう。

＊　＊　＊

実践してみると、思った以上にたくさんの自分だけの思い出をつくることができました。

あなたの旅先がさらに楽しくなるかどうかは、いつもよりちょっと勇気を出して寄り添ってみたり、いつもよりちょっと交わってみたりするかどうかです。そして、それが自分にとって至上の喜びとなるだけでなく、旅先のみんなを心豊かにします。

それをぜひみなさんに実感していただきたく、急遽、メンバーの実践録も追加することにいたしました。

本書の締め切りギリギリに思いついてしまったので、少ししか取り上げることができませんが、ぜひこちらも「自分もチャレンジしてみるか」と意識しながら読んでいただけたらと思います。

お土産屋さんの店主に、「地域への愛」を聞いてみる

【説明】

「お土産屋を営んでいる人は地域愛が強い人が多い」という噂を聞きました。であれば、ツーリストシップを発揮するところです！

【実践】

北陸に家族旅行中のメンバーに、突然「お土産屋さんに地域愛の話を聞いてみて」とラインで連絡してみました。

するとハイテンションなラインが返ってきました。聞くと、お土産屋さんの「地元愛半端なかった」そうです。左にそのままラインを貼り付けます。

「綺麗な景色、夕焼けと青い海とのコントラスト、東尋坊の素晴らしさを存分に語ってくれた。横で聞いていた娘も興味深く聞いていた。ホテルのお土産屋さんも九谷焼のこと、温泉の泉質のこと、笑顔で詳しく教えてくれた。しばらく見ていたが、他の観光客の方は話しかけようとする人はいなかったし、従業員の方もあえて自分から話そうとはされなかった」

想像以上に楽しかったようで、「これは新しい旅のあり方なのか、みんなが忘れてしまった旅の楽しみ方なのか」とメンバーはその後いろいろ考えたそうです。

ツーリストシップなひとこと

お土産屋さんの商品は、低い単価の物が多いのです。商売はより単価が高いものを販売したほうがいいにもかかわらず、500円や300円のキーホルダーを中心に販売しています。

じつは、そんなお土産屋さんの中には、「ホテルを建てたいから売ってくれ」「居酒屋にしたいから売ってくれ」と日々営業を受け、賃料で生きることもできるのに、細々とお土産屋を営んでいる方がいるのです。

そういう方の旅行への思いや、自分の地域の歴史を聞いてみると、心が熱くなるのは間違いありません。

「自分の地に訪れる人に素敵な思い出を届けたい！」と生きている方々の存在を知ること、そして敬意を払い、交流をしていくことも、ツーリストシップですね。

旅先で「朝活」する

【説明】

この実践者はランナーで、旅行の度に靴とウェアーを携帯し、旅先のホテルや旅館の近くを走っているそうです。

【実践】

今回のエピソードは、本人がいつも実施していることです。毎朝家族や友だちが起きる前に起床し、ウェアーに着替えて走るそうです。

すると、フロントの人や、旅先に住むおじいちゃん、おばあちゃんの散歩と一緒になることがあり、おしゃべりをして、その地域ならではの魅力を感じるそうです。

このお話、ミソは「朝」だと思うのです。私も、朝早起きして、6時から開始の大浴場に、6時に行くことがあります。

そこには、他の時間帯なら起こらない、お客同士の「おはようございます」合戦があるのです。

「おはようございます。朝早いですね～」

「おはようございます。もう起きてしまうのよ」
「今日はどちらに行かれるのですか?」
脱衣所で服を脱ぎながら、ゆっくり湯船につかりながら……ゆったりとした会話が生まれます。

朝に起きているという特別な連帯感が生む交流は、少しクセになります。

ツーリストシップなひとこと

ここでのツーリストシップとは、人が少ない場所、少ない時間帯を狙い、そこにいる希少性をつくることだと思います。

Chapter1でお話ししたように、混雑状態をつくるのは誰にとっても得ではありません。率先して、ゆとりあるところに、ゆとりある時間に動く。それが気品のあるツーリストシップです。

＊　＊　＊

以上が、旅先で出会う様々な人と、寄り添い、交わる、ツーリストシップ事例でした。あなたが、いいなと思ったものがあれば、実践してみてください。また、他にもこんなことがあるよ！　などツーリストシップ事例、ぜひご連絡ください。

観光客の存在は、住民生活を彩る交流機会

こんなお話をよく耳にします。外国人観光客が多い街を見て、「変にナショナリズムを発動しちゃうんだ。ここはどこの国だ、日本じゃないぞって」。

変わりゆく街に、何とも言い難い気持ちを抱く……ただその一方で、こんなエピソードも聞きました。

ある40代くらいの男性が、すごくうれしそうな顔をして、「○○人と翻訳アプリを使って会話したんだ！」と話していました。

「僕たちは、海外旅行に行かなくても、外国の人が来てくれる」

よくよくお話をお伺いすると、たまたま出会った外国人観光客と居酒屋さんで、翻訳アプリを介したおしゃべりを楽しんだとのことでした。

他にも、「今日、道を聞かれたので答えたら、○○出身の人と出会ったよ！　地元なんだ！」といった感じで、ちょっとした出会いを楽しんでいる地元の方も、たくさんいらっしゃいます。

とらえ方次第で、観光客の存在は、住民生活を彩る交流機会にもなっています。

そんな様子を見ていると、「よい観光客とは何か？」なんて肩ひじ張らなくてもいい気さえしてきます。

お互い楽しく寄り添い、交わっていけば、楽しい空間をつくり、維持できるだろうと思うのです。

Chapter 5

世界に「ツーリストシップ」を広めたい！

ツーリストシップの活動の始まり

ツーリストシップの事例集はいかがでしたでしょうか。普段あまり光の当たらない、「どう旅行しているか」について、焦点を定めた本が執筆できたこと、大変うれしく思っています。

私たちは、現在22人で活動をしています。そんな私たちがツーリストシップを広める活動をしているのは、「旅行が好きで、もっといい旅行文化を築いていきたい」その一心です。

ラストChapterでは、ツーリストシップ普及活動の始まりと今の活動、その課題について、お話しさせていただければと思います。

少しだけ、私の話をさせてください。まだ25歳という年齢なので、偉そうに自分語りをするつもりはありません。ただ、どのように観光を見つめ、今に至るのかを等身大でお伝えできたらと思います。

私は、京都大学在学中の２０１９年に、一般社団法人ツーリストシップ（旧ＣＨＩＥ－ＮＯ－ＷＡ）を立ち上げました。

当時の京都は、コロナの到来など露知らず、うなぎ登りに増える観光客に耐え切れず、住生活の悪化を見続けるだけでした。

私は、大学を機に埼玉から京都に越してきたため、京都生まれでも京都育ちでもありません。

ですが、学生という身で京都に暮らす一方で、旅行者気分のまま、京都の街歩きや観光を楽しんでいたことから、「住む」と「訪れる」の両立には興味がありました。

「観光客が増えると、住生活は悪化する」

この方程式は、当時の京都で当たり前のように言われていましたが、なんとも納得できなかったのです。

当初は、明確なビジョンはありませんでしたが、この状況に対し「何か力になれるはず」と、大学生活の中でいくらかついてしまった過信に火が付いたのでした。

図書館にこもり関連本や論文を読み漁り、観光地の商店街店主や仏閣の住職にインタビューに走り、役所を訪れ、ゴミの問題が騒がれている現場を見に行き、闇泊街（闇泊＝認可を取得していない宿）を回り、あのとき思いついたすべてのアクターと、すべての情報源に触れたつもりです。

その中で、問題の根本は、**「観光客も住民も孤立しており、寄り添う関係性がない」**ことだと感じました。

ルール整備や交通インフラの整備は大事です。しかし、それ以前に、同じとき、同じ空気を吸う住民と観光客が、

「お客さんなのだから、もてなされて当たり前」（観光客）

「住民なのだから、一番に優遇されて当たり前」（住民）

と当たり前をぶつけ合っている状態では、何事もうまくいきません。常に責任の擦り付け合いを行うだけで、問題は肥大化し、不満感情が再生産されるだけです。

私は、観光客と住民がお互いに寄り添うきっかけをつくるべく、法人を立ち上げました。

まず一番始めにした活動は、賛同者を増やすことです。しかし、いつもこんな会話で終わってしまいます。

「観光客も住民も寄り添い合えばいいと思うのです」

「そんなこと、わかっているよ」

無鉄砲だった私は、毎日様々な人に会いに行き、お話の時間をいただきました。しかし、ほとんど相手にされませんでした。

その後、観光客と住民のお互いの敬意の意思表示として、ブレスレットをつくることにしました。

「ツーリストシップ」という言葉が生まれた！

そんなときコロナが発生しました。法人を立ち上げて半年後のことでした。緊急事態宣言が繰り返し発出され、全国民が自宅待機を余儀なくされたとき、私はまた机に向かい観光産業の勉強を再開しました。また、それまで大変多くの方からいただいていたご助言の見直しを行いました。

多種多様なご助言がたくさんある中で、

「【観光客と住民がお互いに寄り添う】という意味の言葉をつくったらいい」

という助言に目がとまりました。

これまで、伝わらない壁にぶつかり続けたからこそ、言葉を変えることに可能性を感じたのです。

振り返れば、取り組みに応援をしてくださる様々な方から言葉づくりのご助言をいただいており、また候補の言葉も複数いただいていました。

いろいろと検討した結果、自分の中で最もしっくりきた**「ツーリストシップ」**をスローガンとして掲げることにいたしました。

実際に「ツーリストシップ」という言葉を使ったところ、聞き手の方々の表情、そして納得度が激変しました。

また、それ以上に、ツーリストシップという言葉との対話を通して、ツーリストシップの先にある世界とそのアイデアが、次々と頭に浮かんできました。

ツーリストシップを考え、それを伝えることで、共感者が増える。共感者と共に未来について語り、それがツーリストシップを深め、また伝え……と繰り返すことで、大きな未来像を描くことができるようになりました。そのおかげで、共感者・賛同者は、一気に増えたのです。

その中で、私自身の築きたい社会が明確に固まりました。

「住む人、働く人、訪れる人、みんなが寄り添い、交わる社会をつくりたい！」

その寄り添い、交わる一歩は、訪れる人から。

これがツーリストシップを広める確固たる信念です。

2023年現在、コロナも少しずつ落ち着いてきました。今日、起業してもうすぐ4年、多くの方に支えていただき、一般社団法人ツーリストシップには、観光庁の元長官の方、大手旅行代理店の元役員の方々、著名な教授陣、企業経営者が、理事として名を連ねています。

さらに活動のために、ダイドードリンコ（株）様、（株）ワオ・コーポレーション様、Technogram（株）様が多大なる支援をしてくださり、多くのパートナーの皆様と、大学生の皆様に助けていただきました。就職もせず大学を卒業したことで親に大きな心配をかけましたが、活動を拡大し続けることができています。

住む人、働く人、訪れる人、みんなが寄り添い、交わる社会を築くために、これからも、ツーリストシップをこの世の中の皆さんと共有したいと考えています。

ツーリストシップを広める活動の開始

「ツーリストシップを世界の常用語にする」というのが私たちの目標の一つです。具体的には、オックスフォードディクショナリーの掲載を目指しています。

初めから世界でのシェアを目標に掲げるのには理由があります。それは、観光地には常に様々な国から人が訪れるためです。

ツーリストシップを、世界標準のコンセンサスに育て上げる計画です。

ここでは、実現のために行っている草の根活動についてご紹介いたします。

●修学旅行事前学習

小学生・中学生・高校生に向けて、修学旅行事前学習を実施しています。世界を股にかける人財となる若者に、ツーリストシップが開く新しい旅行の常識を伝え、考えてもらいます。
未来の旅行文化を築くため、我が子に、我が母校に導入を、と思ってくださった方、ぜひお力を貸してください。

●グッズ

地域の特産物や伝統工芸とコラボしたグッズを製作販売しております。ツーリストシップからのメッセージを同封しているのがミソです。

お客様から「かわいいと思って買ったら、ツーリストシップを知ったよ、良い取り組みだね！」といった連絡をウェブサイトの問い合わせからいただくこともあります。また、自販機で販売するなど、一味違う販売展開を行っています。現地でのみ購入可能です。

●旅先クイズ会

京都や奈良、滋賀などの観光地で、主に土日に、小さなクイズ会を行っています。

クイズは、地域にまつわる歴史や文化から始まり、ツーリストシップを感じてもらう内容になります。

特に、その場に集まる観光客の皆さんが一緒にクイズを考えることで、観光客同士の交流が起きています。

また、スタッフは地元大学生や地元夫婦の方ですので、観光客×地元民の交流も起きています。住む、働く、訪れるが交わる楽しい空間は、まさにツーリストシップが目指す世界ではないかと感じております。

ぜひ、このクイズ会をまず全国、そして世界に広げるために、観光地の場所・運営資金・運営スタッフを募集しています。お力を貸していただきたいです。

●サミットの開催

年に一度、8月6日にツーリストシップのシンボルとなるサミットを開催しています。当日の様子は、YouTubeにアップしておりますので、もしよろしければご覧ください。また運営に興味のある方、ぜひご連絡ください。

●ツーリストシップ研究所の運営

当ウェブサイトにて、活動ブログ「ツーリストシップ研究所」を定期更新しています。またサウンド版もありますので、ぜひ洗濯物を干しながらでも聞いてみてください。

●講演活動・大学授業

現在、週に1、2本、どこかで講演を行っています。ツーリストシップについてお話しさせていただく機会がありましたら飛んでいきますので、ぜひお声がけください。また、同志社大学で「ツーリストシップで持続可能な観光を考える」という授業も展開させていただいています。

以上がメインの活動になっております。活動アイデアや活動へのご助言などございましたら、ぜひご連絡いただけましたら有難いです。ぜひ、あなたとツーリストシップを広める活動をしたいと思っています。

ツーリストシップ活動3つの課題

本来は隠すべきかもしれませんが、この本をお読みのあなたに、ぜひこの活動に関わっていただきたいからこそ、活動の課題もお伝えさせてください。

課題は大きく3つあります。


1つ目は、**言葉を広げる難しさ**です。

言葉が直接目の前の何かを変えることはありません。言葉がマインドセットを変え、行動を変えるのです。

ツーリストシップという言葉が認知され存在するときと、そうでないときでは明らかに違いがありますが、目に見えない世界を相手にすることに変わりなく、その難しさは日々直面しています。未来のために、その可能性を信じる同志を増やしたいと思います。

2つ目は、**観光客のマナーを扱うことの難しさ**です。

行政や自治体の方との連携は容易ではありません。それは、観光庁や自治体の取り組みや仕事は、それぞれ観光事業者と住民がターゲットであるため、観光客は管轄外になりやすいためです。

観光客は消費者なので消費者庁かというと、そう話は簡単ではありません。消費者庁では観光課題より深刻で大きな問題を扱っているため、観光客の課題に特化する余裕はありません。

よって、観光客への取り組みは、常に宙ぶらりんで、ほとんど誰も主体的に触れることがなかったのです。だからこそ、私たちが取り組むまで放置されていたのかもしれません。

さらに、私どもは一度Yahoo!　ニュースに叩かれたことがあります。記事の内容を簡潔にまとめると、「市はインフラなどのハード整備を怠り、ツーリストシップなどと言って観光客のせいにしている」というものでした。

私たちは、市とは別の組織ですし、観光客のせいにするために活動をしているのではありません。

ただ純粋に、観光客から一歩の寄り添いと交わりをつくれないかと思っているだけです。それも、旅行好きとして、新しい旅行文化を築きたいと思う身として。

総じて、この観光客のマナーを扱うのはどうも説教臭さが残りますし、とても難しいと感じています。


3つ目は、**現状の法人運営・活動内容では人を雇えない**ことです。

現在、私はダイドードリンコ株式会社とプロ契約を締結しています。人事部の方に「アスリートと同じような契約をしていただけないか」とご相談したところ、快く承諾してくださったことで始まった、初の試みです。

よって、私は自分の生活を気にせず、この活動に取り組むことができています。しかし、人を雇うとなると別です。

現在20人くらいの業務委託さん・バイトさん・そして多くのボランティアさんたちに助けていただき、活動をしている状態です。これでは、申し訳ないです。さらに、ツーリストシップの爆発的な活動には結びつきません。

当法人では、スポンサー企業様のおかげで、バイト代は工面することができています。現在、ツーリストシップをもっと広く早く伝えていくために、利益事業創出の準備中です。

こんな状態ですが、雇用についてこれから真剣に向き合いたいと考えていますので、もしツーリストシップで働きたいという方がいましたら、ご連絡ください。

日本は、次の旅行文化をリードしていってほしい

日本人として、ツーリストシップの普及活動をすることにも、意義があると感じています。

日本の観光産業がどれほど恵まれているかご存じですか。ＵＮＷＴＯ（国連世界観光機関）によると、１９９０年のアジア・太平洋市場は、ヨーロッパの１／５の規模でしたが、２０１８年には１／２にまでその差を縮小しています。中国やインド、これから拡大するアジアマーケットを商圏におく日本は、地理的に大変有利です。

また２０２１年にＷＥＦ（世界経済フォーラム）で発表された「２０２１年旅行・観光開発指数レポート」では、２００７年の調査開始以来はじめて日本は１位を獲得しました。世界の少なくない人が日本に魅力を感じています。

さらに、アジアマーケットの中で、清潔・高品質といったブランドと信用を持っているのは日本ではないでしょうか。

ヨーロッパ主体の観光からアジア主体の観光に移行する中で、日本は観光産業の新たなリーディングカントリーになっていただきたいですし、そうしていきたいと思っています。

そして、そんな日本から、**観光のフィロソフィー「ツーリストシップ」を発信・輸出することが、日本の気品**だと私たちは信じています。

これまで観光を主導してきたヨーロッパでは、オーバーツーリズムやツーリズムフォビア（観光客嫌い）を克服する旅行の仕方を提案できませんでした。

日本は、それを繰り返してはいけません。**リーダーシップを発揮して、次の旅行文化を築きたい**と思います。

これまで海を渡り、世界の言葉になった日本語はたくさんあります。たとえば、文化に関して、manga、kawaii、otaku、emojiがあったり、仕事に関して、kaizen、karoshiがあったり、環境活動では、mottainaiがありますね。

ツーリストシップは英語を使用していますが、日本人のフィロソフィーを体現し、日本の道徳観と共に発信することができる言葉だと考えています。

観光にとどまらず、人と人との関わりについて、世界の規範づくりができるのではないでしょうか。

観光は「光を観る」ということ

最後に、観光産業の魅力をお伝えして、この章を終えたいと思います。

観光とは、「光を観る」と書きます。一説によると、明治政府が、開国後まもない中、外国人を怖がる日本国民に対し、「外国人の視察団は日本の光を観に来たのだよ」と伝えるために、中国の「易経」の一文「国の光を観る、もって王に賓たるに利し」

から引用し、訪日外国人を観光客と名付けたそうです。

私は、よく「観光」という言葉を考えます。日本における、光とは何でしょうか。豊かな自然、歴史ある建造物、人々が受け継ぎ紡いできた文化……これらが光なのでしょうか。

しかし、そこに住む人は？　そこで働く人は？　そこに訪れる人は？

せっかくなら、自然も文化も建物も魅力的で光り輝いているところなら、人間だって光り輝きたいと思うのです。

初めて下したハイヒールを履くときみたいに、光り輝く街では、背筋がすっと伸びて、かっこよくふるまってしまう、そんな人間でありたいと思うのです。

私たちは、**ツーリストシップをキーワードに、人、もの、文化、自然、とき、それぞれの出会いに、寄り添いを生み、交流をつくりたい**と思います。

光り輝く街で、何よりも輝く人間が、そこには存在すると思うのです。

そんな旅人に、そんな住民に、そんな仕事をする人に、一緒になりませんか。

ツーリストシップはこの本を皮切りに、普及活動を加速させます。ぜひ、この続きのページをあなたと一緒につくれたらと思っています。

あとがき

「旅好きが、うなずきながら、旅行を再度考える本をつくりたい」

その思いで、この本の執筆を行いました。全国の旅行好きに、ツーリストシップを知っていただき、共感いただき、そして仲間になっていただきたい、そう思っています。

この本の「あとがき」でお伝えしたいことは次の3つです。

一つ目は、私は勉強好きが高じて観光の本をたくさん読みましたが、大学などで観光学をしっかり学んだ経験はありません。いわゆる独学のみです。

したがって、アカデミックなことは、先人の方から借りた言葉でしか書けていません。内容も、多くの先生方が書かれておられる本の、その序説にも満たないかもしれません。

ただその一方で、いち旅行好きとして、旅行の精神「ツーリストシップ」をお伝えし、一緒に考えていきたいという気持ちと、その内容は、自分の心の奥から取り出した言葉です。どこにも書いていない、ここにしかない内容です。

二つ目は、この本は始まりということです。この本の役目は、良い観光客も悪い観光客も包み隠さず伝えることで、ツーリストシップという枠組みをこの世の中に提示することです。

出版は、ツーリストシップ普及にとって、ビックバンです。口火が切られたのです。

本書をお読みのあなたは気づいたかもしれませんが、すべての事項に「～である」と断定で正解を伝えられるほどに、ツーリストシップは成熟していません。

この本を機に、ぜひ多くの方に、良いも悪いも含め、ツーリストシップを俎上に上げて、旅行の仕方を考えていただきたいと思っています。

そして、そこでのご意見やエピソードを、共有していただけましたら嬉しいです。

この先、惑星が生まれ、生態系ができるかどうかは、ここからです。そして、この本が、あなたにとってツーリストシップ星への招待状になればと思っています。

三つ目は、感謝です。あなたは、世の中に、たくさんの楽しそうで、ためになりそうな本がある中で、真面目そうなこの本を選んでくださいました。本当にありがとうございます。想像をするだけで、嬉しさが体中を走ります。

この度、出版にあたりご協力いただいた編集の遠藤励起さんには、一つひとつ丁寧に教えていただき、本当にありがとうございます。ごま書房新社さんには、念願だったツーリストシップをタイトルにした本を出すことを叶えてくださり、ただただ感謝でいっぱいです。

遠藤さんをご紹介いただいた山本佳典社長、藤野正晃社長、貴重なご縁をいただき、本当にありがとうございます。お二人のおかげで、実現できました。

当法人理事の抱厚志さん、田辺孝二さん、井手憲文さん、高井典子さん、行方一正さん、古野浩樹さん、沢登次彦さん、パートナーの皆さん、研究所の皆さん、この場を借りて、日ごろの感謝をさせてください。

毎月の定例会、みんなが当たり前にツーリストシップを考えているあの時間が、内心ではただただ有難くて、本当は泣きそうなくらい嬉しいです。いつも本当にありがとうございます。

特に、代表の私より、数倍も熱い、桜井康広パートナーには頭が上がりません。本当にありがとうございます。

そして、これまでに当法人に寄付してくださった多くの企業様、個人の皆様、本当にありがとうございます。皆様のご支援で今があります。これからも全力で伸びていきたいと思いますので、ぜひ、ご支援よろしくお願いいたします。

最後に、この活動を理解し、東京と京都の別居婚を受け入れてくれている夫にも感謝です。ゲラ刷りが届いた日に、「自分的に客観的に読むとどうなの？」と抜け目のない言葉をかけてくれるあたり、この人には勝てんな、といつも刺激をもらっています。

あらためてもう一度、この本を手に取ってくれたあなたへ。

この本は、いかがでしたか。

あなたの心に届くことはできましたか。

田中 千恵子

《理事挨拶》

ツーリストシップの基本は、旅に関わる人々への感謝の気持ちを表すこと

元観光庁長官、一般社団法人ツーリストシップ理事　**井手 憲文**

ツーリストシップとは、**「どうすれば良い旅人になれるか」**ということを旅人の視点から考え、実行することだと思います。

やったらいいことはいろいろありますが、基本は、旅に関係するサービスを提供してくれる人々（交通機関、宿、お店、飲食店等々で働いている多くの人々）に、**「ありがとう」という気持ちを持ち、それを言葉と態度で表すこと**ではないでしょうか。

私は、46都道府県と46の国・地域で宿泊した経験がありますが、サービスについて「ありがとう」と言うと、言われるほうだけでなく、言うほうも気持ちがよくなるものです。

ときには文句をつけたくなるようなサービスもありますが、この場合でもこれを改善したときには感謝の気持ちを表すのです。

旅は楽しむもの。旅行中なるべく多くの相手に「ありがとう」を実行するだけで、随分と楽しい気分になります。

この本ではいろんなツーリストシップを取り上げています。みなさんも、ぜひいろいろなツーリストシップを実行してみてはどうでしょう。

◆著者略歴

田中 千恵子（たなか ちえこ）

千葉県生まれ。京都大学在学中に長期休暇の度に東アジア・東南アジア・中央アジア・ヨーロツパなどへ足を運ぶ。京都市が観光都市として経済的利益を受けつつも、観光客の受け入れと住環境の調和に課題を持っていることを知り、「住む」と「訪れる」が両立する街を築けないかと活動を開始し、19年一般社団法人CHIE-N0-WA（のちにツーリストシップに改名）を設立。

20年観光庁より発行された、国際基準に準ずる「日本版持続可能な観光ガイドライン」にて、持続可能な観光の実現に向けた先進事例として紹介される。21年より、観光客が観光地に与える影響にこそ可能性を感じ、世界に先駆けて「ツーリストシップ（商標登録済)」の提唱を始める。

大学卒業後、社会起業家として異例のプロ契約をダイドードリンコ株式会社と締結。

22年法人名を一般社団法人ツーリストシップに改名、理事に観光庁の元長官や大手旅行代理店の元役員、教授が参画し、ツーリストシップの普及に向けて再始動する。

現在、修学旅行生のワークショップや観光事業者・自治体・大学での研修や講義を受け持つ傍ら、毎月観光地でブースを出店し、自ら一般観光客へツーリストシップの周知を行う。一般社団法人ツーリストシップ代表理事。同志社大学嘱託講師。京都観光サポーター。

●HP　https://touristship.jp/

「ツーリストシップ」で、旅先から好かれる人になってみませんか

2023年6月30日　初版第１刷発行

著　者	田中 千恵子
発行者	池田 雅行
発行所	株式会社 ごま書房新社 〒167-0051 東京都杉並区荻窪4-32-3 AKオギクボビル201 TEL 03-6910-0481（代） FAX 03-6910-0482
企画・編集協力	遠藤 励起
カバーデザイン	(株)オセロ 大谷 治之
DTP	海谷 千加子
印刷・製本	精文堂印刷株式会社

ISBN978-4-341-08838-5 C0026